物流从业人员职业能力等级认证培训系列教材

货物运输实务

（第4版）

郭希哲　编著

中国财富出版社

图书在版编目（CIP）数据

货物运输实务／郭希哲编著．—4版．—北京：中国财富出版社，2019.9

（物流从业人员职业能力等级认证培训系列教材）

ISBN 978－7－5047－6812－4

Ⅰ.①货…　Ⅱ.①郭…　Ⅲ.①货物运输—物流管理—职业培训—教材　Ⅳ.①F252.1

中国版本图书馆CIP数据核字（2019）第200243号

策划编辑 张　茜　　**责任编辑** 邢有涛　郭小草

责任印制 尚立业　　**责任校对** 孙会香　许　诺　　**责任发行** 敬　东

出版发行 中国财富出版社

社　　址 北京市丰台区南四环西路188号5区20楼　　**邮政编码** 100070

电　　话 010－52227588转2098（发行部）　　010－52227588转321（总编室）

010－52227588转100（读者服务部）　　010－52227588转305（质检部）

网　　址 http://www.cfpress.com.cn

经　　销 新华书店

印　　刷 北京京都六环印刷厂

书　　号 ISBN 978－7－5047－6812－4/F·3076

开　　本 880mm×1230mm　1/16　　**版　　次** 2019年10月第4版

印　　张 12　　**印　　次** 2019年10月第1次印刷

字　　数 271千字　　**定　　价** 46.00元

物流从业人员职业能力等级认证培训系列教材

编写委员会

主　任　任豪祥

副主任　郭肇明

主　编　史文月

编写说明

也许你是在供应链管理中的物流领域从事货物运输操作和管理相关的人员，那么无论你是雇员还是老板，从你翻开此模块的那一刻开始，作为《货物运输实务》模块的读者，你已经迈出了职业生涯的重要一步。

也许你是物流专业的在校学生或者已经从学校毕业，需要了解货物运输的实际操作和管理，又或许你已经取得了很多相关的证书，而这本《货物运输实务》将会再次为已经取得这些成绩和成就的你提供必要的实操基础而并非仅限于理论。

作为物流从业人员职业能力等级认证的培训模块，《货物运输实务》主要为物流与供应链企业中的一线操作人员与管理人员和在校学生提供货物运输实务操作的指导，着力于弘扬企业的工匠精神，帮助培训对象比较系统地了解货物运输管理脉络，以便其将本模块中所述经验融入实际工作之中。

由于货运涉及的范围非常广泛，其中的操作经验难以用本模块各个单元的内容将其阐述穷尽，因此本模块行文力求通俗易懂，覆盖面尽量广泛，并对一些专用术语做出了简明解释，方便不同地区的读者理解和运用。

本模块共包括六个单元，分别为概述、公路货物运输、水路货物运输、航空货物运输、铁路货物运输和多式联运，书中内容主要涉及货运形式和当事人的实务操作。在货运形式方面，本模块对五种运输形式中的四种进行了讨论，即水路运输、航空运输、铁路运输和公路运输。由于管道运输的局限性和专业性，本模块没有将其作为重点进行阐述，而是增加了对多式联运的讨论，因此本模块涉及的货运形式仍然是五种。对于国际贸易相关的交付问题，此版增加了对进出口报关流程等方面的讨论。

除此之外，本模块对货物运输所涉及的当事人，即发货人、承运人、收货人、货运代理人、船务代理人、被保险人以及与进出口报关业务相关的其他当事人的操作和管理进行了讨论。本模块主要关注当事人需要做什么以及怎么做，如何降低操作成本以便降低供应链上的总成本，如何规避操作中的风险等内容。考虑各种货运操作都存在需要规避的风险，本模块再版时把风险并入每一章进行讨论，以便增加其关联性。

本模块侧重战术层面的讨论，很多战略管理方面的讨论可以在其他模块中找到答案。作为一名与货物运输工作相关的从业人员，无论在哪个层面进行操作或者管理，首先需要了解本企业的战略，了解本企业是供应链上的核心企业还是非核心企业，以便在工作中做到心中有数，把握正确方向，为降低供应链和企业的总成本、提高工作效率和降低企业操作风险等做出贡献。因为，无论你怎么努力，一旦你的工作背离企业的战略，本模块的指导意义也将不复存在。

由于《仓储与配送实务》模块对货物进出库的管理和配送路线的规划（特别是城市内配送路线的规划）进行了阐述，所以本模块将不再赘述。

综上，作为职业培训教材，本模块本着尽量避免和现有的在校教材内容重叠的原则进行编写，内容强调 How（如何），并非 Why（为何）或者 What（什么），力争使本模块成为货物运输从业人员的一本"案头书"。对于高级物流管理人员，本模块提供了货物运输管理的基础信息，以便其在工作中参考。

本模块的再版得到中国物流与采购联合会的大力支持，感谢何黎明会长、任豪祥副会长的关心。在编写的过程中得到了主编史文月专家的悉心指导，没有主编史文月的指导，本模块是无法完成的。编写组的各位专家也对本模块的内容提出了不少宝贵的建议。中国物流与采购联合会培训部郭肇明主任、周雪松主任和赵琳副主任给予了全面的支持和帮助，培训部李俊峰主任助理提出了具体的要求。海归硕士熊洋，原中国外运高管张哲民、张继军，中外运长航订舱部高管王蕊从货运代理人的角度提出了具体建议，地中海航运有限公司天津分公司航线高级经理耿一心和进口部高级销售主管郭必行从承运人角度提出了具体建议，天津南开大学刘军教授对公路运输提出了宝贵建议。还有众多的业内人士、相关培训中心以及编写组的各位专家也对本模块提出了宝贵建议。在此，一并对他们表示由衷的感谢！

货物运输是物流管理的重要内容之一，涉及国内国际的货物运输，范围广阔，而且不同时期、不同地域的操作和管理方式不尽相同，本模块中难免有不当之处，敬请读者批评指正。

郭希哲

2018 年

目　录

单元1　概　述

单元2　公路货物运输

单元3 水路货物运输

单元4 航空货物运输

单元5 铁路货物运输

单元6　多式联运

参考文献

单元1
概　述

单元2
公路货物运输

单元3
水路货物运输

单元4
航空货物运输

单元5
铁路货物运输

单元6
多式联运

单元1　概　述

学习目标

通过学习本单元，你应该能够：

1. 理解货物运输概念
2. 了解货物运输对供应链的贡献
3. 了解运输系统中的运输模式
4. 理解货物运输的功能
5. 掌握构成运输系统的要素
6. 了解各种运输工具、设施和通道
7. 掌握各种运输模式的相似性和差异性
8. 理解货物运输工作中的关注点
9. 了解为何要为途中货物投保
10. 理解货物运输保险概念以及主要险别
11. 掌握货物运输投保程序

1.1 货物运输概念

交通运输的诞生和发展经历了极其漫长的历史过程。它随着社会生产力的发展和科学技术的进步而产生、发展，它促进了社会、经济、政治和文化的发展与进步，是人类社会进步的动力，是人类文明的车轮。

运输是指物品借助于运力在空间上所发生的位置移动。具体地讲，运输是使用运输工具对物品进行运送的活动，以实现物流的空间效用。作为物流系统的一项功能，运输包括生产领域的运输和流通领域的运输。生产领域的运输一般在生产企业内部进行，因此称之为厂内运输。它是生产过程中的组成部分，是直接为物质产品的生产服务的。其内容包括原材料、在制品、半成品和成品的运输，这种厂内运输有时也称之为物料搬运。

运输是流通领域里的一个环节，是生产过程在流通领域的继续。其主要内容是对物质产品的运输，是以社会服务为目的的，是完成物品从生产领域向消费领域在空间位置上的物理性的转移过程。它既包括物品从生产所在地直接向消费所在地的移动，也包括物品从生产所在地向物流网点和从物流网点向消费（用户）所在地的移动。为了区别于长途运输，往往把从物流网点到用户的运输活动称为发送或配送。本章所讲的运输，着重于流通领域的运输。

在物流系统的功能中，有时也把物流系统的运输功能之一称为输送，其中研究的运输行业是国民经济的经济部门，它是使用运输工具，实现货物和旅客在区域之间的位置移动，是连接城乡之间，工农业之间，各生产部门之间，各地区的经济、政治、文化、技术的纽带。运输的主要干线构成国民经济运输的大动脉。没有运输行业，国民经济各方面之间的联系就会中断，社会主义市场经济就难以发展，社会再生产过程就会停滞。物流过程中的运输或输送主要是针对物质产品的移动，不包括旅客的位置的移动，是从物流系统的功能出发来研究物流运输功能，从而促进物流系统整体功能的实现，创造物流系统的空间效益。

对国民经济体系而言，生产、流动、分配、消费诸环节是一个统一的整体。这个整体既表现在各社会经济部门，也表现在各地区和城市之间以及它们的内部。如何才能实现这些复杂的联系呢？这就要借助于交通运输这个纽带。如果把整体国民经济看作人的躯体，交通运输就是它的循环系统。交通运输除了具有物质生产的属性外，还具有消费资料的属性，如货运的经济活动是一种物质生产活动。①

货物运输是一种物质生产。运输不创造新的物质产品，不增加社会产品数量，不赋予产品新的使用价值，只变动其所在的空间位置。但该变动有助于完成供应链上的价值传递，所以也可以认为是在供应链上创造价值的物质生产。

货物运输还是一种储存方式。在长距离的货物运输过程中，如沿海货物运输、近洋货物运输、远洋货物运输、航空货物运输、铁路货物运输和公路货物运输等，运输工具可作为临时仓库，此时它是一种储存设施，与普通仓库的不同之处仅仅在于它是移动的。

货物运输创造价值。无论产品处于哪种形式，是材料、零部件、装配件、在制品，还是制成品，无论在制造过程中将被转移到下一阶段，还是更接近最终客户，货物运输都是必不可少的载体。货物运输的主要功能之一就是完成产品在价值链中的来回移动。既然货物运输利用了时间资源、财务资源和环境资源，那么，只有当它确实提高产品价值时，该产品的移动才是有效的。否则，货物运输就是无效的，或者说是在浪费资源，比如空驶、空舱等问题。

既然货物运输可以创造价值，那么，哪一种货物运输模式成本最低，创造的价值最高呢？答案是否定的。从所有权总成本的角度看，没有哪一种货物运输模式是绝对合理的。西方的权变理论认为在企业管理中要根据企业所处的内外部条件随机应变。对于货物运输模式的选择同样不是以货物运输的某一个具体方式来确定的。合理的货物运输模式要根据企业的战略需求、最终客户的需求以及所有权总成本的需求等诸多因素来确定，例如虽然航空货物运输的运费比海洋货物运输的运费高出很多，但是在很多情况下，航空货物运输甚至会比海洋货物运输还划算，这是由企业的需求决定的。

货物运输的目标就是要以最短的时间、最低的财务成本和环境资源成本，将产品从原

① 详见《物流管理（中级）》，中国物资出版社2005年版。

产地转移到规定地点。此外，产品灭失损坏的费用也必须是最低的；同时，产品转移所采用的方式要满足客户有关交付履行和装运信息的可得性等方面的要求。

总而言之，运输是构成物流系统不可或缺的重要因素。在人们从事与物流相关的所有活动中，运输是这些活动的基础，是制定物流战略的必要条件之一，更是与人民生活工作息息相关的活动。

1. 货物运输的功能

物质产品的生产是以满足社会的各种需求为目的的。从经济学的角度讲，物质产品具有价值和使用价值。而物质产品的使用价值只有在社会消费或最终消费过程中才能实现。物质产品在未进入消费领域进行消费之前，它的使用价值只是种潜在的可能性。在社会主义市场经济不断发展的条件下，物质产品的生产地和消费地在同一地的情况几乎很少，它们之间总是具有一定的距离，即存在着空间位置的背离。

因此，物质产品只有通过货物运输活动到达用户手中，才能消除物质产品在空间位置上的背离，这样物质产品才能进入消费阶段，从而实现物质产品的使用价值，社会各种需求才能得到满足。可见，物质产品的货物运输功能包括创造物质产品的空间效用，消除物质产品的生产与消费在空间位置上的背离，以及实现物质产品的使用价值和满足社会对物质产品的各种需求。

2. 第三利润源

第一利润源是资源领域，第二利润源是人力领域。在这两个利润源潜力越来越小、利润开拓越来越困难的情况下，物流领域的潜力被人们所重视，成为第三利润源。货物运输是第三利润源的主要源泉。

（1）货物运输是运动中的保管，它和静止的保管不同，要靠大量的动力消耗才能实现。运输又承担大跨度空间转移的任务，所以活动的时间长、距离长、消耗大。消耗的绝对数量越大，其节约的空间也就越大。

（2）从运费来看，运费在全部物流费用中占比最高，综合分析计算社会物流费用后发现运费占比接近 50%。有些产品运费甚至高于产品的生产费，所以运费节约的潜力很大。

（3）由于货物运输总里程长、总量巨大，通过体制改革和货物运输合理化可大大缩短货物运输吨公里数，从而获得比较大的节约。

从以上三个方面可以看出，在现代物流管理过程中，要降低成本、节省费用、控制风险、满足企业战略需求，货物运输无疑是获取资源的主要方式。

几乎所有的物流活动，如仓储、销售、运营管理、战略管理以及供应链管理等，只有和货物运输相结合，才能够完成改变物质产品空间状态的全部移动任务，物流的理念才能在供应链上得到贯彻实施，供应链管理才能真正提高效率和改善效果。

3. 货物运输的作用

供应链消耗资源、创造价值并将价值传递给最终用户，因此所有供应链都会致力于资源的获取，以便保持与其他供应链的竞争能力。在资源获取过程中，运输扮演了至关重要的角色。

物流描述的是原材料和产品流入、流经和流出企业的全过程，是供应链的一部分。只有在供应链上的实物流动才可以将价值传递给最终用户。所以，货物运输是实物流动的最主要载体，是获取资源时不可或缺的手段之一。

现代化的交通运输系统由铁路、水路、公路、航空和管道五部分组成，这些运输系统和企业的库存、仓储、配送、信息传递和财务管理等经营活动息息相关。将货物运输孤立起来进行管理是传统的管理方式，这种传统的管理理念已经无法适应现代企业对货物运输的需求。所以本模块增加了对多式联运的讨论。

4. 本模块框架

《货物运输实务》改版后共分六个单元，包括概述、公路货物运输、水路货物运输、航空货物运输、铁路货物运输和多式联运。每单元分别从该运输模式的具体概念、工具、信息、流程、风险和成本等方面进行讨论。从实践的角度向读者展示各种运输操作的细节。新版模块关注了各种货物运输形式的流程讨论，增加了进出口货物运输中涉及海关的操作。鉴于水路运输，特别是国际航运的复杂性和普遍性，水路运输在本模块占有比较大的篇幅，也是本模块最重要的一章。

1.2 运输系统

系统是指相互作用和相互依赖的若干组成部分结合而成的、具有特定功能的有机整体，而且该整体从属于更大系统，是更大系统的子系统。①

① 运输模式指五种运输的任何一种；运输方式指某种运输模式中的不同形式。

运输系统是由运输诸要素组成的，是由运输基础设施、通道、运输工具、信息、运输参与者等各要素组成的相互联系的整体。该系统在一定的时间、空间内，在基础设施、运输工具和运输参与者等若干动态要素相互作用、相互依赖和相互制约的形态下，发挥其特定运输功能，其运行目的是在委托人所要求的时间内完成货物的空间转移。

现代化的交通运输系统由铁路、水路、公路、航空和管道五部分组成，这些运输系统和企业的库存、仓储、配送、信息、传递和财务管理等经营活动息息相关。

1.2.1 公路运输

公路运输的结构包括但不限于以下几种。

1. 设施

公路运输设施有公路线路和货运场站。公路的基本构成包括路基、路面桥梁、涵洞、排水系统、防护工程和交通服务。

2. 工具

公路运输的工具是汽车。汽车主要分为客运汽车和货运汽车，货运汽车即载货汽车和载重汽车。从车头形式来看，有平头式和长头式两种；从车厢结构来看，有厢式、平板式和集装箱式；从整体结构来看，有单车（整体式）、拖挂车和汽车列车（铰接式）。[①]

3. 通道

公路运输的通道指的是公路。我国的公路根据使用任务、功能和适应的交通量分为高速公路、一级公路、二级公路、三级公路、四级公路五个等级。

4. 信息

公路运输管理系统主要包括订单管理、配载作业、调度分配、行车管理、车辆定位系统（Global Positioning System，GPS）、车辆管理、人员管理、数据报表、基本信息维护、系统管理等。

1.2.2 水路运输

我国是世界上水路运输发展较早的国家之一。公元前2500年已经制造舟楫，商代有了帆船。公元前500年前后我国开始动工开凿运河。公元前214年建成了连接长江和珠江

① 详见2.3公路运输的设施和工具一节内容。

两大水系的灵渠。京杭运河沟通了钱塘江、长江、淮河、黄河和海河五大水系。唐代对外运输丝绸及其他货物的船舶直达波斯湾和红海之滨，该航线被誉为海上丝绸之路。明代航海家郑和率领巨大船队七下西洋，历经亚洲、非洲 30 多个国家和地区。

我国幅员辽阔，大陆海岸线 18000 多千米，岛屿海岸线 14000 多千米，流域 100 平方千米以上的天然河流有 5000 多条，大小湖泊有 900 多个。从国际水路航运来看，我国的商船已航行于世界 100 多个国家和地区的 400 多个港口。我国当前已基本形成一个具有相当规模的水运体系。在相当长的历史时期内，我国水路运输对经济、文化发展和对外贸易交流起着十分重要的作用。

水路运输的设施包括但不限于以下几种。

1. 设施

码头：码头是指海边、江河边专供轮船或渡船停泊，供乘客上下、货物装卸的建筑物。人类利用码头，在船舶泊岸上落乘客及货物。

堆场：堆场是露天的仓库。散货堆场是指用于堆存散货的专用露天场地，所堆存散货的种类不同，地面的结构不完全相同，可以是沙土地面、混凝土地面等；集装箱堆场，又称场站，是办理集装箱重箱或空箱装卸、转运、保管、交接的场所。

2. 工具

船舶：水路运输工具主要指船舶。货船的类型非常多，一般按用途的不同分类。①

集装箱：集装箱是将各种杂货集装于具有统一长、宽、高规格的箱体内进行运输，集装箱有很多类型，使用最多的就是普通干货集装箱。②

3. 通道

国内：国务院批准的《全国内河航道与港口布局规划》包括在全国将形成两横一纵两网十八线的水路运输网。在水运资源较为丰富的长江水系、珠江水系、京杭运河与淮河水系、黑龙江和松辽水系及其他水系形成长江干线、西江航运干线、京杭运河、长江三角洲高等级航道网、珠江三角洲高等级航道网和 18 条主要干支流高等级航道的布局，构成我国各主要水系以通航千吨级及以上船舶的航道为骨干的航道网络。

国际：世界主要海运航线有东南亚航线、中东印巴航线、美加航线、欧洲航线等。

---

① 详见 3.2.2 水路运输工具一节内容。
② 详见 3.2.5 集装箱种类一节内容。

4. 信息

船舶航运管理信息系统是中国船级社数码易知公司（CCSE）结合国内船公司船舶管理特点，根据 CCS（中国船级社）、DNV（挪威船级社）、BV（法国船级社）、ABS（美国船级社）、LR（英国劳氏船级社）、GL（德国劳氏船级社）、NK（日本船级社）、RINA（意大利船级社）、KR（韩国船级社）等国内外船级社认证要求，结合船舶维修保养体系（CWBT）国家标准和规定，为船公司企业定制开发了将船、船公司、船级社信息共享等功能集成的分布式应用管理平台。

1.2.3 航空运输

航空运输（也称空运）的结构包括但不限于以下几种。

1. 设施

航空运输的设施是机场。机场亦称飞机场、空港，较正式的名称是航空站。机场有不同的大小，除了跑道之外，机场通常还设有塔台、停机坪、航空客运站、维修厂等设施，并提供机场管制服务、空中交通管制服务及其他服务。机场可分为非禁区范围和禁区（管制区）范围。非禁区范围包括停车场、公共交通车站、储油区和连外道路，而禁区范围包括所有飞机进入的地方，包括跑道、滑行道、停机坪和储油库。大多数的机场都会在非禁区到禁区的中间范围做严格的控管。

2. 工具

飞机是航空运输的工具，以高速造成与空气间的相对运动而产生空气动力以支托并使其在空中飞行。由推进装置提供推力和拉力，主要由机翼产生升力，由操纵面控制飞行方向。

3. 通道

航空运输的通道是航线。飞机飞行的路线称为空中交通线，简称航线。飞机的航线不仅确定了飞机飞行具体方向、起讫点和经停点，而且还根据空中交通管制的需要，规定了航线的宽度和飞行高度，以维护空中交通秩序，保证飞行安全。①

4. 信息

空中交通管制系统管理多架飞机的起降和航行，是保障飞行秩序和安全的系统。

---

① 详见 4.5 航线和航路一节内容。

1.2.4 铁路运输

铁路运输的结构包括但不限于以下几种。

1. 设施

铁路运输设施包括运输基础设备和运输安全技术设备两类。运输基础设备包括线路（路基、桥隧建筑物、轨道）设备、车站设备、信号设备、机车设备、车辆设备、通信设备等；运输安全技术设备包括安全监控设备、检测设备、自然灾害预报与防治设备、事故救援设备等。

2. 工具

铁路运输工具由牵引机车和车辆构成。牵引机车分内燃机车、电力机车和动车组（动车组主要用于客运）。车辆的种类很多，包括棚车、长大货物车、敞车、毒品车、平车、家畜车、罐车、水泥车、保温车、粮食车、集装箱车、特种车、矿石车、守车等。①

3. 通道

改革开放后，我国铁路运营里程已经位居亚洲第一、世界第三，形成了“五纵四横”格局。五纵包括京沪线、京九线、京哈—京广线、同蒲—太焦—焦柳线、宝成—成昆线；四横包括滨洲—滨绥线、京包—包兰线、陇海—兰新线和沪昆线。今后还要完成“八纵八横”大通道铁路货物运输格局。欧亚班列的开通为我国铁路开创了新篇章。

4. 信息

铁路运营管理信息系统是铁路运营部门大型综合计算机应用系统，是铁路信息现代化的最主要组成部分。

1.2.5 多式联运

我国将由两种及其以上的交通工具相互衔接、转运而共同完成的运输过程统称为多式联运。《联合国国际货物多式联运公约》对国际多式联运所下的定义是：按照国际多式联运合同，以至少两种不同的运输模式，由多式联运经营人把货物从一国境内接管地点运至另一国境内指定交付地点的货物运输。《中华人民共和国海商法》（以下简称《海商法》）

---

① 详见 5.3 铁路货运设施和工具一节内容。

在关于国内多式联运的规定中提到海运为多式联运必有的方式。①

多式联运主要是指国内多式联运和国际多式联运。其中国际多式联运极大地满足了收/发货人的需求。多式联运可以简化托运、结算及理赔手续，节省费用；托运人只需办理一次托运，订立一份运输合同，一次保险，一次支付费用，可省去托运人办理手续的诸多不便；缩短货物运输时间，减少货损货差，提高货运质量。保证了货物安全、迅速、准确、及时地运抵目的地，降低了货物的库存量和库存成本；提高运输管理水平，实现运输合理化。对货物运输过程的控制有利于进行供应链管理，有助于引进新的先进运输技术，从而有利于环保。

多式联运的结构包括但不限于以下几种。

1. 设施

国内和国际多式联运的设施参考以上四种运输模式。

2. 工具

国内和国际多式联运的工具参考以上四种运输模式内容，其特点是根据需要将两种或两种以上的运输模式联合使用。

3. 通道

在不同国家，多式联运经营人均有自己的运输线路，服务于收/发货人。

4. 信息

多式联运经营人可以随时提供货物的在途信息。②

1.2.6 管道运输

管道运输是指用管道作为货物运输工具的输送液体、气体或者浆体物资的一种长距离运输。管道运输是一种由大型钢管、泵站和加压设备等组成的运输系统完成运输工作的运输模式。当今世界大部分的石油、绝大部分的天然气是通过管道运输的。

管道运输是大宗流体货物运输最有效的方式，固定的管道本身就是运货的载体，油泵或压缩机将能量直接作用在流体上。按管道的铺设方式可将管道分为埋地管道、架空管道、水下管道；按输送介质可以分为原油管道、成品油管道、天然气管道、油气混输管

① 《中华人民共和国海商法》第一百零二条：本法所称多式联运合同，是指多式联运经营人以两种以上的不同运输方式，其中一种是海上运输方式，负责将货物从接收地运至目的地交付收货人，并收取全程运费的合同。

② 详见6.1多式联运概念一节内容。

道、固体物料浆体管道；按其在油气生产中的作用又可分为矿场集输管道，原油、成品油和天然气的长距离输送干线管道，天然气或成品油的分配管道等。

管道运输的特点是运量大，建设投资相对较小，占地面积少，几乎不受地理条件限制。由于埋于地下，所以基本不受气候影响，可以长期稳定运行。管道输送流体能源，设备运行比较简单，易于就地自动化和进行集中遥控，先进的管道增压站已完全做到无人值守，管道沿线不产生噪声，是五种运输模式中环保程度最高的清洁运输模式。由于节能和高度自动化，用人较少，运输费用大大降低，而且漏失污染很少。

管道运输的局限性也很多，如无法灵活运送，对货物的要求很高，运输对象单一，不具有通用性。一旦油田产量递减或枯竭，该段原油管道即报废。自管道投产之日起，管内即充满所运输的物质，直到停止运行之日，还有一部分物质会长期积存在管道中，使运输成本上升。由于管道运输的局限性和专业性，本模块未做进一步的详细讨论。

除了以上运输模式之外，本模块还讨论了各种运输管理中涉及的几乎所有当事人，即托运人、承运人、代理人、收货人和报关企业的操作，以及这些不同的角色在从事国内国际运输工作中的任务、责任和风险、工作中的流程和注意事项、对运输成本的控制原则、单证的缮制、涉及的法律法规、工作中可能遇到的风险以及如何规避风险等实际操作问题。

1.2.7 运输模式对比

1. 运输模式的相似性

在工作中，无论使用一种货物运输模式或者多种模式，其目的都是相同的，即完成实物的时间和空间位移。但是在选择运输模式之前，首先要深刻了解所在企业的战略，然后才能采用合理的货运模式。

货物运输在满足企业战略需求情况下，在以下方面都表现出其相似性。

（1）以方便快捷为原则。

（2）以节省成本为前提。

（3）以缩短时间为目标。

（4）以节省能源为手段。

在确定使用一种或者几种要素之前，如果仅仅考虑某个具体要素，比如成本、速度或者服务等，那么，无论怎么努力工作，本模块的指导意义也将付诸东流，因为企业的战略需求往往是复杂的，而追求单一要素的做法很可能背离了企业的战略，同时背离了供应链对总成本的需求。

2. 运输模式的差异性

从差异性角度看，本模块讨论的五种货物运输模式有其各自的独特性。那么，这些独特性是怎么形成的呢？答案来自收/发货人对货物运输的不同需求，而这些具体的需求是由企业的战略决定的，企业的战略又源于该企业在供应链上扮演的角色。今天市场上的竞争已经形成一条供应链和另一条供应链之间的竞争，每条成功的供应链都有其独特的核心竞争能力，最终体现在对不同的货物运输模式的选择上面。各种运输模式对比见下表。

各种运输模式对比

货运模式 / 相对差异	水路	航空	铁路	公路	管道	多式联运
运距	长	长	长	长/短	长	长/短
速度	慢	快	慢	中	快	慢
运费	低	高	低	高	高	高
运量	大	小	中	大	大	大
可达	差	差	差	好	好	好
投资	低	高	高	中	高	低
可靠	低	高	低	中	高	中
机动	差	差	差	好	差	中
风险	高	低	中	中	中	高
污染	低	高	低	高	低	中

1.3 货物运输实务要点

在货物运输的实际操作中，以下几点应该予以特别关注。

1. 准确性

承运人应将准确的数量以适当的运价在最短的时间送到准确的场所交给准确的当事人。

2. 安全性

货物运输的安全性应该以文字形式体现在相关的单证中，使其产生法律效应。不管是否具有货物的所有权，承运人在运输途中对货物的安全负有责任（收/发货人使用自有运输工具的除外）。

3. 货物交付

不同的运输模式对交付时发生的货损货差有各自的解释。但是无论如何，承运人应保证完好交货。收/发货人应该考虑为此购买保险以防不测。

4. 信息的获取

在货物运输途中当事人要通过信息系统随时掌握货物信息，如预计的始发时间、抵达时间以及途中因不可抗力导致发生意外的时间地点、单证内容是否准确等。

5. 沟通能力

从事货运的当事人对货物运输的经验、语言能力、法律的熟悉程度和合理的运用、谈判技巧等影响着沟通结果。

风险最大的贸易是国际贸易，其复杂性会导致发生各种风险，因此无论是国际贸易，抑或是国内贸易，相对以上各个要素，安全性是第一位的，货物运输的安全性指货物运输带来的风险。当事人在实务操作中一定要把货物运输保险放在规避风险的首位。

1.3.1 货物运输保险

由于运输途中的货物由承运人保管，部分情况下承运人还拥有货物的所有权，而且在运输途中，运输工具和货物多处于移动状态，因此途中很可能会发生各种不测，给货物所有人带来巨大的风险。一旦发生事故，承运人要对发生的事故负责，但是对货主的赔付过程往往是烦琐和冗长的。因此为了规避风险，特别是国际航运的风险，当事人基本选择了对发运的货物进行投保，以便规避风险。

货物运输保险，是指承保运输中货物因自然灾害或意外事故而损失的保险。按货物运输模式可分为海洋货物运输保险、陆上货物运输保险、航空货物运输保险、邮包保险以及联运保险。

货物运输保险的期限多以一次航程或运程计算。凡在货物运输中具有保险利益的人均可投保，如货主、发货人、托运人、承运人等。货物运输保险是以运输途中的货物作为保险标的、保险人对由自然灾害和意外事故造成的货物损失负赔偿责任的保险。

本模块主要讨论的货物运输保险包括海洋货物运输保险、陆上货物运输保险和航空货物运输保险，简述如下。

1. 海洋货物运输保险

海洋货物运输保险是保险人以海上运输的货物为保险标的、对货物在运输过程中发生自然灾害和意外事故造成的经济损失负赔偿责任的保险。

海洋货物运输保险承保的危险事故包括雷电、海啸、地震等自然灾害，船舶搁浅、触礁、沉没、失踪、碰撞等意外事故，火灾、偷窃、短量、破碎、船长船员恶意行为等外来危险。

承保保险事故造成的损失，从性质上分为单独海损与共同海损，从程度上分为全部损失与部分损失。所投保的险种不同，承保损失范围也不同，有的险种对单独海损不赔，有的险种对部分损失不赔，投保人需视需要选择投保的险种。

此外，保险人除承担规定保险事故的损失外，还承担事故发生后对保险标的的施救与救助费用。在我国，按适用范围货物运输保险可分为涉外海洋货物运输保险与国内海洋货物运输保险两大类。货物运输保险除设有基本险外，还有附加险、特别附加险、特殊附加险等多种。

我国海洋货物运输保险的主要险别如下。

（1）平安险（Free from Particular Average，F. P. A.），国际上称为“不包括单独海损险”。保险人承担自然灾害和意外事故造成货物的全部损失，以及运输工具遭受灾害事故而造成货物的部分损失以及有关费用的赔偿责任。

（2）水渍险（With Average/With Particular Average，W. A. 或 W. P. A.），国际上称为“包括单独海损险”。保险人除承担平安险的责任外，还承担因自然灾害事故造成货物部分损失的赔偿责任。

（3）一切险（All Risk）。保险人除承担平安险和水渍险的保险责任外，还承担各种外来原因，如短少、短量、渗漏、碰损、钩损、雨淋、受潮、发霉、串味等造成货物的全部损失或部分损失的赔偿责任。此外还有附加险，包括战争险和罢工险等。

海洋货物运输保险对下列损失不负赔偿责任。

（1）由于被保险人的故意行为或过失所造成的损失。

（2）发货人责任所引起的损失。

（3）在保险责任开始前，被保险货物已经存在的品质不良或数量短差所造成的损失。

（4）被保险货物由于自然损耗、本质缺陷、特性以及市价跌落、运输延迟所引起的损失或费用。

（5）海洋货物运输战争险条款和货物运输罢工险条款规定的责任范围和除外责任。

2. 陆上货物运输保险

陆上货物运输保险是货物运输保险的一种。陆上运输货物保险的责任起讫采用“仓至仓”责任条款。陆上货物运输保险的索赔时效为2年，从被保险货物在最后目的地车站全部卸离车辆后开始计算。中国人民保险公司的陆上货物运输保险条款以火车和汽车为限，其主要险别有以下几种。

（1）陆运险和陆运一切险。

（2）陆运一切险包括陆运险的承保范围。

（3）陆上货物运输战争险是陆上货物运输保险的附加险。

陆运险对于下列损失不负责赔偿。

（1）由于被保险人的故意行为或过失所造成的损失。

（2）发货人责任范围内所引起的损失。

（3）在保险责任开始前，被保险货物已经存在的品质不良或数量短差所造成的损失。

（4）被保险货物由于自然损耗、本质缺陷、特性以及市价跌落、运输延迟所引起的损失。

（5）陆上货物运输战争险条款和货物运输罢工险条款规定的责任范围和除外责任。

伦敦保险协会航空货物运输保险条款

货物运输保险

3. 航空货物运输保险

航空货物运输保险通常采用一切险承保责任，保险公司负责承担包括航空运输险的全部责任，还负责承担保险货物由于未来原因所致的全部或部分损失。航空货物运输一切险的责任范围与海洋货物运输保险及陆上货物运输保险的一切险相似。

凡在我国境内经航空运输的货物均可成为本保险之标的；国际航空货物运输保险是指对国际航空运输中的货物所进行的保险。这种保险必须经保险人与被保险人签订书面合同才能生效，保险范围可以参照1982年《伦敦保险协会航空货物运输保险条款》中的具体规定。

下列货物非经投保人与保险人特别约定，并在保险单（凭证）上载明的，不在保险标的范围以内。

金银、珠宝、钻石、玉器、古币、古书、古画、邮票等珍贵财物；蔬菜、水果、活牲畜、禽鱼类和其他动物。

航空货物运输保险对下列损失不负赔偿责任。

《伦敦保险协会航空货物运输保险条款》规定因战争、罢工和下列原因所致的灭失、损毁或费用均不负责。

（1）可归属被保险人的故意或违法行为的灭失、损毁或费用。

（2）保险标的物的漏损、失重或自然消耗。

（3）由于保险标的物的不良或不良包装或搭配引起的灭失。

（4）因运载工具对保险标的物的不安全运送原因所引起的灭失、损毁或费用。但仅限于被保险人或其受雇人，对于保险标的物运载工具已不适合，并且已知情者。

（5）保险标的物的固有瑕疵或本质缺陷所引起的灭失、毁损或费用。

国际货物运输保险

（6）因延迟为近因所致的灭失、毁损或费用。

（7）由于运输飞机的所有人、经理人、租用人或营运人的破产或债务所引起的灭失、毁损或费用。

（8）任何使用原子、核子武器或其他类似武器引起的保险标的物的灭失、毁损或费用。

1.3.2 国际货物运输保险合同

国际货物运输保险合同的订立是由被保险人以填制投保单的形式向保险人提出保险要求，即要约，经保险人同意承保，并就货物运输保险合同的条款达成协议后（即承诺后），保险合同即成立。

投保单中须列明货物名称、保险金额、运输路线、运输工具及投保险别等事项。保险人应当及时向被保险人签发保险单或者其他保险单证，并在保险单或其他保险单证中载明当事人双方约定的合同内容。

1.3.3 货物运输保险程序

货物运输保险程序如下图所示。

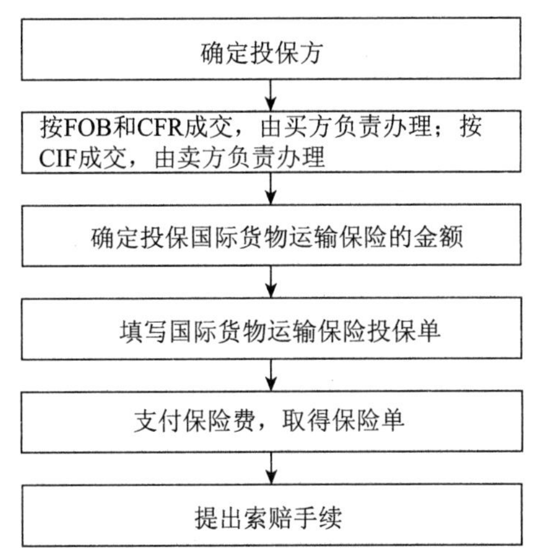

货物运输保险程序

在国际货物买卖过程中，应根据买卖双方商订的价格条件来确定由哪一方负责办理投保国际货物运输保险。例如按 FOB 条件和 CFR 条件成交，保险即应由买方办理国际货物运输保险；如按 CIF 条件成交，就应由卖方办理国际货物运输保险。办理国际货物运输保险的一般程序如下。

1. 确定投保国际货物运输保险的金额

投保金额是诸保险费的依据，又是货物发生损失后计算赔偿的依据。按照国际惯例，投保金额应按发票上 CIF 的预期利润计算。但是，各国市场情况不尽相同，对进出口贸易的管理办法也各有异。向中国人民保险公司办理国际货物运输保险，有两种办法：一种是逐笔投保；另一种是按签订预约保险总合同办理。

2. 填写国际货物运输保险投保单

保险单是投保人向保险人提出投保的书面申请，其主要内容包括被保险人的姓名、被保险货物的品名、标记、数量及包装、保险金额、运输工具名称、开航日期及起讫地点、投保险别、投保日期及签章等。

3. 支付保险费，取得保险单

保险费按投保险别的保险费率计算。保险费率是根据不同的险别、不同的商品、不同的运输模式、不同的目的地，并参照国际上的费率水平而制定的。它分为“一般货物费率”和“指明货物附加费费率”两种。前者是一般商品的费率，后者是指特别列明的货物（如某些易碎、易损商品）在一般费率的基础上另行加收的费率。

交付保险费后，投保人即可取得保险单（Insurance Policy）。保险单实际上已构成投保人与保险人之间的保险契约，是保险人寻保险人的承保证明。在发生保险范围内的损失或灭失时，投保人可凭保险人要求赔偿。

4. 提出索赔手续

当被保险货物发生属于保险责任范围内的损失时，投保人可以向保险人提出赔偿要求。按《国际贸易术语解释通则 1990》E 组、F 组、C 组包含的 8 种价格条件成交的合同，一般应由买方办理索赔。按《INCOTERNS 1990》D 组包含的 5 种价格条件成交的合同，则视情况由买方或卖方办理索赔。

被保险货物运抵目的地后，收货人如发现整件短少或有明显残损，应立即向承运人或有关方面索取货损或货差证明，并联系保险公司指定的检验理赔代理人申请检验，提交检验报告，确定损失程度；同时向承运人或有关责任方提出索赔。属于保险责任的，可填写索赔清单，连同提单副本、装箱单、保险单正本、磅码单、修理配置费凭证、第三者责任方的签证或商务记录以及向第三者责任方索赔的来往函件等向保险公司索赔。索赔应当在保险有效期内提出并办理，否则保险公司可以不予办理。

鉴于供应链上货物运输管理的复杂性和广泛性，货物运输实务讨论可能无法具体到我国或者国外某一具体区域的特殊情况，但是读者可以从本模块中了解很多货物运输实际操作的知识，这些内容是对货物运输实际工作经验的总结。对在一线从事货物运输的工作者和有志于投身货物运输行业的人员会有所帮助，对从事物流管理的人员来说，此模块更是物流管理的基础知识和技能的展示。

1.4　代理人

由于在货物运输实务的操作过程中收/发货人有大量的专业工作需要外包给代理人来完成，因此货运代理人成为货物运输工作中不可或缺的角色。明确区分代理人和被代理人的法律关系非常重要。

代理人指以他人的名义，在授权范围内进行对被代理人直接发生法律效力的法律行为。它是法律术语，是指代理人以被代理人（又称本人）的名义，在代理权限内与第三人（又称相对人）实施民事行为，其法律后果直接由被代理人承受的民事法律制度。代理人在代理权限范围内实施代理行为，并以被代理人的名义进行代理行为。代理人主要实施民事法律行为，被代理人对代理人的行为承担民事责任。

1.5 小结

本节主要从物流的角度讨论了货物运输的概念，不同的运输模式，运输的功能，运输系统的要素，介绍了各种运输设施、工具和通道，并且对公路、水路、航空、铁路、多式联运和管道的相似性和差异性进行了比较，讨论了货物运输实务要点，特别是运输的安全问题，并对规避风险的保险手段进行了详细讨论。

1.6 思考题

1. 货物运输的定义是什么？
2. 运输对供应链管理做出哪些贡献？
3. 货物运输的具体作用是什么？
4. 阐述各种运输模式的相似性和差异性。
5. 从事货物运输工作应主要关注哪些方面？
6. 货物运输保险的主要险别有哪些？
7. 如何为委托运输的货物进行投保？
8. 如何投保？

单元1
概　述

单元2
公路货物运输

单元3
水路货物运输

单元4
航空货物运输

单元5
铁路货物运输

单元6
多式联运

单元2　公路货物运输

学习目标

通过学习本单元，你应该能够

1. 了解公路货物运输概念
2. 了解公路货运的优劣势
3. 理解公路货运组织方式
4. 了解公路货运物流企业
5. 掌握公路货运代理公司的服务
6. 掌握公路运输货物的发运
7. 理解公路运费构成
8. 掌握公路货运单证
9. 理解公路托运人职责
10. 掌握托运人如何委托
11. 了解公路货运平台

2.1 公路货物运输概念

我国国内各种运输模式中，公路货物运输（也称公路货运）是主要形式，公路货物运输行业的发展水平在很大程度上决定了我国运输物流的整体发展水平。公路物流是以公路运输企业为服务主体，以生产企业、商业企业以及其他物流服务需求者为服务对象，采用先进的组织与管理技术和手段，在运输业务基础上，依托公路网提供多样化、综合化、一体化的物流服务过程。

公路运输，也称作道路运输，是指主要使用汽车，以及其他车辆（如人力车、畜力车）在公路上进行货物运输的一种方式。公路物流灵活性较强，除了可沿主干交通网络运行外，公路物流还可以离开主干路网深入农村、企业、工厂、仓库等地点，将货物直接运送至目的地，实现“门到门”服务，同时，公路运输便于与铁路运输、水路运输以及航空运输进行有效衔接，具有较强的机动灵活性。这是其他任何运输模式不具备的优势。

由于公路运输的灵活性，近年来，在使用铁路运输、水路运输、航空运输的地区，使用公路运输成为完成“门到门”联合运输的必要辅助手段，也可以直接使用公路运输模式进行替代。

公路物流的一般流程是以集散中心、转运中心和配送中心为核心物流节点。公路物流的主要运输方式可分为快件运输、整车运输、零担运输三种，通过这些方式，将货物从产地运送到消费地。

公路物流市场准入门槛低。从成本角度看，公路物流企业只需要自有一定数量的货车、装卸设施、仓储设备就满足了准入条件，且车辆购置费用、营运成本和设备管理维修成本比较低，成本回收周期较短；从技术角度看，公路物流企业所需的车辆驾驶技术及车辆维修技术相对简单，无须进行专门的人员培养；从企业成立要求的角度看，与航空运输企业及海洋运输企业不同，公路物流企业只须遵循国家标准，很少涉及进出口及国际公约等问题。

本模块主要讨论省际和城际的公路货物运输①。与公路运输相关的联合运输将放在多式联运单元讨论。

2.2 公路运输的优劣势②

公路运输是所有运输中经常使用的模式，与人们的工作和生活关联性最强，也是最直接的一种交付手段。

2.2.1 公路货物运输的优势

1. 机动灵活，适应性强，无处不到，无时不有

由于公路运输网一般要比铁路网、水路网的密度高得多，分布面也广，因此货物运输车辆几乎可以“无处不到、无时不有”。公路运输在时间方面的机动性也比较大，各种车辆可随时调度、装运，各环节之间的衔接时间较短。公路运输对货运量具有很强的适应性，汽车的载重吨位范围为0.25~300吨，既可以单个车辆独立运输，也可以由若干车辆组成车队同时运输。这一点对抢险、救灾工作和军事运输具有特别重要的意义。

2. 可实现“门到门”直达运输

除了可沿分布较广的路网运行外，公路运输中途一般不需要换装，可以离开路网深入到厂矿、田间、城市居民区等地，把货物从始发地门口直接运送到目的地门口，实现“门到门”直达运输。这是其他运输模式无法与之相比的特点之一。

3. 在中、短途运输中，运送速度较快

与其他运输模式相比，公路运输货物在途时间相对短，运送速度相对快。特别是在有交通限制的市区，小型汽车运输几乎成为市区唯一的货运方式。

4. 载重量可以很小，交付速度快

公路运输可以完成交付货物的重量为2.5~40吨，受载弹性大，可以满足多种需求。

① 涉及城市内配送的运输请参考《仓储与配送实务》模块内容。

② 本单元部分内容摘自《国际公路货运代理理论与实务》，中国国际货运代理协会编，中国商务出版社2015年版。

5. 原始投资少，资金周转快

公路运输与铁路、水路、航空运输模式相比，所需固定设施简单，车辆购置费用比较低。因此，投资兴办容易，投资回收期短。

6. 掌握车辆驾驶技术较易

对火车司机或飞机驾驶员的培训来说，汽车驾驶技术掌握起来要容易得多，对驾驶员各方面的素质要求相对较低。

2.2.2 公路货物运输的劣势

1. 由于运量较小，运输成本较高

目前，世界上最大的汽车是美国通用汽车公司生产的矿用自卸车，长 20 多米，自重 610 吨，载重 350 吨左右，但仍比火车、轮船的载运量小得多。由于汽车载重量小，行驶阻力比铁路大 9～14 倍，所消耗的燃料又是价格较高的汽油或柴油，因此，除了航空运输，公路运输成本比其他模式都高。随着高速公路的大量出现，在许多经济发达国家，推广汽车大型化及集装箱直达运输正使公路运输在载重量、运输成本等方面的缺点逐步得到改善。

2. 安全性较低，污染环境严重

据历史记载，自汽车诞生以来，每年死于汽车交通事故的人数急剧增加，这个数字超过了艾滋病、战争和结核病人每年的死亡人数之和。汽车所排出的尾气和引起的噪声也严重威胁着人类的健康，是大城市环境污染的最大污染源之一。

2.3 公路运输的设施和工具

公路运输设施包括各级公路和道路、桥梁、护栏、货场、停车场、站台等，工具有各种运输车辆。

2.3.1 设施

1. 公路

我国的公路根据使用任务、功能和适应的交通量分为高速公路、一级公路、二级公路、三级公路、四级公路五个等级。

高速公路是具有特别重要的政治经济意义的公路，有四个或四个以上车道，设有中央分隔带、全部立体交叉并具有完善的交通安全设施与管理设施、服务设施，全部控制出入而且全国联网。

高速公路是专供汽车高速行驶的专用公路；一级公路是连接重要政治经济文化中心、部分立交的公路；二级公路是连接政治、经济中心或大型工矿区的干线公路或城郊公路；三级公路是沟通县或县以上城市的支线公路；四级公路是沟通县或镇、乡的支线公路。

2. 物流中心

公路运输中的“物流中心”有很多不同功能，大致如下。

（1）停车场（库）：主要任务是保管停放车辆，停车场不仅要进行运营工作，还要提供简易的技术保养和运营材料。

（2）货场：货车装卸货物的场地。可以将货物暂时储存在货场的仓库或货物的转运场地。

（3）站台：即月台，车站内高于路面的平台，供装卸货物用。

（4）信息中心：处理公路运输信息的场所。

（5）其他：如桥梁、装卸设备等。

2.3.2 工具

3. 运输车辆

（1）自卸式货车：这种货车动力大，通过能力强，可以自动后翻或侧翻，货物可以凭借自身的重力自行卸下。一般用于矿山和建筑工地运输。物流公司通常不会使用这种货车。

（2）散粮车：散粮车的专用性很强，供承运粮食使用。

（3）厢式车：由于厢式车结构简单，运力利用率高，适应性强，所以是物流领域应用前景最广泛的货车。

（4）敞车：因为顶部敞开，敞车可以装载高低不等的货物。

（5）平板车：这种车主要用于运输钢材等货物和集装箱。

（6）罐式货车：这种车具有密封性强的特点，适用于运输流体类货物，如易挥发、易燃危险品。

（7）冷藏车：这种车主要用于运送需对温度进行控制的冷藏保鲜的易腐易变质的鲜活物品。

（8）拦板式货车：该货车的特点是整车重心低，载重量适中。主要用于装载百货和杂品。

（9）集装箱牵引车和挂车：集装箱牵引车专门用于拖带集装箱挂车或半挂车，两者结合组成车组，是长距离运输集装箱的专用机械，主要用于港口码头、铁路货场与集装箱堆场之间的运输。集装箱挂车按拖挂方式不同，分为半挂车和全挂车两种，其中半挂车最为常见。

（10）载货汽车：载货汽车按载货量分，有重型、轻型载货汽车；按汽车的大小分，有大型、中型、微型载货汽车。其中，进行市内的集货、配货可以用微型和轻型货车，长距离的干线运输可以用重型货车，短距离的城市间运输可以用中型货车。

（11）其他：除了以上各种车辆，还有各种特种车辆。[①]

2.4 公路货运组织方式

公路货运组织方式有很多，基本包括以下六种。

（1）合同运输：合同运输属于第三方物流服务范畴，以下运输组织方式基本适用于合同运输。

（2）集中运输：将小批量的货物集中起来，形成大批量运输，以降低车辆满载运输时的成本。

（3）循环运输：基本属于往返运输方式，降低了车辆返程的空驶率，而且还可以提供比较优惠的运价。

（4）零担运输：指的是托运人一次托运的货物不足 3 吨（不含 3 吨）的零担货物的运输。

（5）集装箱运输：将集装箱置于货运车辆上的运输方式，它能将航空、铁路、海运有效地连接起来，承担了中、短途的内陆集装箱运输，实现了“门到门”交付。

（6）大件运输：大件运输指超长、超高、超宽和超重的货物运输。

① 详见中国物流交易中心——智慧流通网。

以上实际操作均可以委托公路货运代理人，即无车承运人来完成。

2.5 公路货运物流企业

1. 运输型公路物流企业

按照资本归属分类，运输型公路物流企业主要可分为四类：一是国有大型专业运输企业，如山东省交通运输集团等；二是民营企业，如天地华宇物流、德邦物流等；三是外资企业，如荷兰 TNT、澳大利亚拓领集团等；四是个体经营户。

按照服务特点分类，运输型公路物流企业主要可以分为三类：一是零担运输企业，可细分为零担专线运输企业和零担快运企业两类，其中零担专线运输企业主要服务于工商制造企业和商贸批发企业，采用“点对点”直达运输方式，如安能物流等；零担快运企业主要服务于需求量较小或波动较大的工商企业和个体经营户，能够为客户提供货物受理、中转、仓储、运输、装卸、交付及事故处理等服务，如德邦物流、佳吉快运等；二是整车运输企业，主要以企业对企业（Business to Business，B2B）方式为主，为运输需求稳定的大中型制造业提供整车运输、分拣包装、信息跟踪等服务，如远成物流等；三是快件运输企业，主要从事 30 千克以下的包裹邮件运输服务，如顺丰速运、EMS（邮政特快专递服务）等。

2. 仓储型公路物流企业

仓储型公路物流企业以从事公路仓储业务为主，主要为公路物流客户提供货物储存、保管、中转等服务。仓储型公路物流企业主要有仓储、集散两大功能，部分企业还能为客户提供配送服务以及商品经销、流通加工等其他服务。

3. 平台型公路物流企业

平台型公路物流企业是“互联网+物流”背景下的公路物流行业平台整合运营商，通过互联网、云计算等新技术，为货主企业、物流企业及个体货运司机等公路物流主体提供综合性物流及配套服务，形成高效的货物调度平台，发展公路物流全新生态。目前，我国平台型公路物流企业可以分为轻资产型和重资产型两类。其中，轻资产平台型代表企业有 oTMS、车满满等；重资产平台型代表企业有传化公路港等。

4. 货运代理

货运代理公司是代理运输公司收运货物、为货主提供运力资源的代理公司。对于托运人而言，货运代理公司是承运人；对于运输公司而言，货运代理公司又是托运人。因此，货运代理公司具有双重代理身份。在公路物流领域，货运代理公司主要提供货物交接、单证签发、单据审核、费用结算、报验、多式联运等服务，将车主、货主、商检、仓储、运输站等环节连接起来，如中国外运广西凭祥公司、北京世达威国际货运代理有限公司等。

公路货运代理公司在各地的称谓不同，有配货站、货运站、信息部、物流中心、信息中心等。公路货运代理公司类似无车承运人角色，只是截至目前尚无法律规定其责任相当于承运人。

公路货运代理行业是以公路配货形式从事货运代理的行业。我国公路货运代理市场呈现出完全竞争市场的特点，出入此类市场的门槛很低。很多公路货运代理公司长期处于初级的代理运作阶段，散布于我国的城乡接合部，流动性很强，呈现出松散的状态，个体规模基本比较小。但是，由于市场的需求量大，我国公路货运代理公司的总量是非常庞大的。

公路货运代理公司有互相委托的机能，能够完成省、市、县之间货物的转运。我国的部分整车货和大部分零担货物都是经过这样的公路货运代理公司交给个体承运人来完成的，他们基本可以满足“门到门”的运输需求。

公路货运代理公司的揽货方式主要有托运人上门委托、他人介绍或自行寻找潜在的托运人等。鉴于公路货运代理的规模，我国大多数公路货运代理公司从事着不定期、不定量、不定品种、不定路线的公路运输代理服务，但是也有很大一部分公路货运代理公司可以提供专线运输服务。

除此之外，大型快递公司拥有自有车辆，也自代自理了很大一部分公路货运量。

目前公路货运代理公司也活跃在公路货运平台上，而且扮演了很重要的角色[①]。

2.6 公路货运代理公司的服务

公路货运代理公司的服务基本分为三种形式，即非专线服务、专线服务和同城货运。因其相对简单易操作的特点，比起其他运输形式的货运代理公司来说，对于从业人员的入职要求也简单很多。目前公路货物运输的服务很多都借助于平台来操作。[②]

① 详见 2.12 公路货运平台一节内容。

② 详见 2.12 公路货运平台一节内容。

2.6.1 非专线服务

这类公路货运代理公司一般是一手托两家，既为托运人提供服务，也为承运人提供服务。他们针对已经掌握的货源寻找相关车源，或者针对已经掌握的车源寻找货源，并且也提供到货之后的服务。通常的做法是一边揽货，一边揽车，提供的主要服务是托运人和承运人的业务撮合，当然还接受零担和整车的货运委托。一旦车货齐备，托运人一般直接与司机发生业务关系。公路货运代理公司以向司机收取佣金作为主要获利手段，或者直接将此货源转给经营专线的公路货运代理公司。这时，他们基本不与司机（承运人）发生业务关系，而是从经营专线的公路货运代理公司处得到佣金或者差价补偿。

2.6.2 专线服务

这类公路货运代理公司经营固定的公路专线运输服务。除了自行揽货承运外，也接受前者的运输委托。他们一般从事运输作业管理，接受零担和整车的货运委托，以获取运费差价为营利目标。这时，他们更像无船公共承运人（Non-Vessel Operating Common Carrier，NVOCC）。经营专线的公路货运代理对非自己专线的货源可能不太感兴趣，或者会采取与前者相同的运作方式，将业务有偿转让给其他专线。从事专线服务的公路货运代理公司一般拥有固定的路线、自有或挂靠的车辆，挂靠的车辆的司机大部分是拥有一部或者几部车的车辆所有人。

对于自己专线的延长线运输，专线经营者会将到达自己目的地的货物委托给当地的公路货运代理公司转运，由其继续承运至该票货物的最终目的地。各地货运代理公司自营的服务区域不同，规模大小不一，但是在承揽业务的时候呈现出明显的竞合关系，基本能够满足委托人的需求。

2.6.3 同城货运

同城货运既是公路货运代理业务向市区的延伸，又是市区内的小批量货物的运输。同城货运满足了搬家公司车辆难以承揽小批量货物在城市内流通的需求。类似于客运专车服务，但是运输对象是货物。这类企业通过建立叫车平台来满足城市内的货运需求，一般没有自营车辆，其与第四方物流服务提供商的运作类似。一方面，它可以从司机的运费中收

拉拉货

取一定比例的佣金，另一方面，整合了小型厢式车辆的货运业务，满足了交通管制的要求。承运人不与收/发货人结算运费，免去了货主与承运人之间的议价过程。通过叫车平台，小型厢式货车所有人在卸货之后，就可以等待平台发来的货运信息，就近找到货源。同城货运的运作方式不仅减少了市区内的空驶率，降低了货运成本，增加了利润空间，加快了客户响应速度，提高了服务水平，还缓解了城市交通压力，降低了空气污染程度，成为今后城市内货物运输的发展方向。①

2.7 公路运输货物的发运

2.7.1 公路货物类型

公路货物基本分为两大类，即普通货物和特种货物。普通货物占公路运输货物中的大多数，对车型要求不高，是经营者竞争的主要货源。

特种货物包括长大笨重货、冷冻货、危险品和鲜活品。特种货物对车辆的要求很特殊，承运人的初始投资往往比较高，并且需要一些专门的运输服务技能。因此，市场上特种车辆服务的供应较少，运价也偏高。随着市场需求的发展，冷链面对着巨大的市场需求的挑战。

2.7.2 公路货物的发运形式

公路货物的发运主要指零担发运、整车发运和货运市场发运三种形式。

1. 零担发运

运送的货物从接收至送达收货人手中的整个过程需要经过分拣拼装的环节才能完成的运输组织方式是零担发运。零担运输适用于两种情况：一种是运送的货物批量小，直达运输不经济；另一种则是由于道路通行条件（包括交通管制）等原因，无法达到快捷、经济运送的目的。

2. 整车发运

整车发运是指从接货承运直到送达收货人的整个运送过程中货物不需要经过分拣拼装，而是整车装卸。同零担快运系统的运行方式相比，整车运输方式简化了货场的装卸分

① 同城货运讨论见《物流企业运营管理》模块内容。

拣作业，货物由托运人起运可直接快速交到收货人手中。

目前，以高速路为依托的公路运输已建立起发达的网络，其运输的经济运距及运送能力也大大提高，特别是货运交易市场的发展，使得零担货物可以由社会车辆通过配载的形式集中起来，形成整车发运，这样既经济又及时，所以公路运输吸引了大量的货源。

3. 货运市场发运

目前，我国某些货运市场已初具规模，如位于浙江萧山经济技术开发区的货运市场集货运、货运代理、货运信息、仓储、停车场、零担托运、货物配载、装卸服务、汽修汽配、餐饮住宿等多种业务于一体，并具备银行、保险、商务、通信、网络、住宿、餐饮等各项物流服务功能。市场引进了铁路运输、水路运输、航空运输等物流企业资源，为几百家来自各地的专业运输、仓储、零担、货运代理等物流企业提供了交易平台，从而实现多式联运。该货运市场还开发了信息化、网络化物流信息平台，物流交易可以在大屏幕上显示。这样的货运市场必然成为今后货运市场走向整合并持续发展的方向。

2.8 公路货运规定

公路货运规定如下。

（1）装载的物品不得遗洒、飘散。

（2）货物质量不能超过车辆核定的装载质量，即不能超过行驶证上标注的行驶装载量。

（3）货物的长度和宽度不可以超出车厢。

（4）货物高度规定分两种情况：重型、中型货车和半挂车载物，从地面起高度不超过4米，载运集装箱的车辆高度不超过4.2米；除第一种情况以外，其他货车载物时，从地面起高度不超过2.5米。

（5）载货汽车车厢不得载客，在城市道路上，货运机动车在留有安全位置的情况下，其车厢内可以附临时作业人员1~5人；载物高度超过车厢栏板时，货物上不得载人。

（6）国家相关部门的其他规定。

2.9 公路运费计算原则

2.9.1 普通货物计费

普通货物计费有两种计算方式，分别如下。

运费 =（货物计费重量×计费里程×运价率）+（货物计费重量×计费里程×运价率×加成率），或者

运费 =（货物计费重量×运价率）+（货物计费重量×运价率×加成率）或者随行就市的整车运价+加成。

目前市场上采用比较多的是第二种。

2.9.2 特种货物计费

（1）对于同一托运人托运的双程运输货物，按其运价率的 85% 计费。

（2）超重货物按运价加成 30% 计费，而烈性危险货物按运价加成 110% 计费。

（3）过境公路运输采用的是全程包干计费或者按合同条款规定办理。

（4）对于特大型货物，采用协商议价办法。[①]

2.9.3 重质货和轻浮货的界定

对于公路运输来说，所有的运费按照重量计收。货物的积载系数大于或等于 0.3 立方米/吨时，称其为重货，即每立方米货物的重量大于或等于 0.3 吨时按照实际重量计算运费，如钢板、打包的棉花等货物；每立方米的货物的重量小于 0.3 吨时，则称其为轻浮货（也称作泡货或者轻泡货），按照每立方米为 0.3 吨计算运费，如家电、某些塑料制品等。

举例如下。

（1）A 货物的实际重量为 300 千克，体积为 0.3 立方米。

（2）B 货物的实际重量为 300 千克，体积为 0.6 立方米。

A 货物按照实际重量 300 千克计算运费，B 货物按照计算结果 600 千克计算运费。

① 我国各地的实际计费不尽相同，这里为实际操作提供了参考。

无论A货物还是B货物，计算之后，将结果进行比较，哪个数大即按哪个数计费，即“择大计收”。

2.10 公路货运单证

公路货物运输合同是汽车承运人与托运人之间签订的明确相互权利关系的协议。公路货物运输合同除具有一般货运合同的特点外，还有下列几个特点。

（1）承运人必须是经过国务院交通行政主管部门批准并持有运输经营许可证的单位和个人，国家交通行政主管部门必须对运输工具、司机进行管理，明确职责，以确保货物运输的安全。

（2）公路货物运输合同可以是全程运输合同，即交由承运人通过不同的运输工具一次性完成运输的全过程。

（3）承运人的许多义务是强制性的，如定期检修车辆，确保车辆处于适运状态；运费的计算和收取必须按照有关部门的规定，不得乱收费。

目前使用的公路货运的单证（即公路货运单）基本是由企业自行缮制的货运单。公路货运的单证相对其他运输模式而言，虽然较为简单，但同样重要。它既是托运人与承运人之间的运输合同，也是货物交接过程中不可缺少的凭证。

公路货运单样本如下表所示①。

公路货运单样本

公路货运单							
运单号码							
托运人姓名		电话		收货人姓名		电话	
单位				单位			
托运人地址				收货人地址			
托运人账号		邮编		收货人账号		邮编	
取货地联系人姓名		单位		送货地联系人姓名		单位	
电话		邮编		电话		邮编	
取货地址				送货地址			
始发站		目的站		送货日期		要求到货日期	

① 货运单背面条款涉及相关法律，在此不作讨论。

续 表

运距	公里	全程	公里	是否取送				是否要求回执				
路由				是否取货		是否送货		运单		客户单据		
货物名称	包装	件数	计费重量（KG）	体积		取货人签字						
							年		月		日	时
						托运人或代理人签字盖章						
						实际发货件数						件
							年		月		日	时
						收货人或代理人签字盖章						
合计						实际发货件数						件
收费项费用金额（元）	运费	取/送货费	杂费	费用小计			年		月		日	时
						送货人签字						
客户投保声明	不投保		投保				年		月		日	时
	保险金额	元	保险额	元	备注							
运费合计（大写）		万		仟	佰		拾		元			角
结算方式												
现结	元	月结	元	预付款	元	到付	元	付费账号				
制单人		受理日期		年		月		日	受理单位			
填写本运单前，请务必仔细阅读背面条款。您的签名意味着您理解并接受背面全部条款。												

2.11 托运人如何委托

委托公路运输涉及许多方面工作，下面选择其中五个方面进行阐述。

2.11.1 填写托运单

一张运单托运的货物必须属同一托运人，对于拼装分卸的货物应将每一拼装或分卸情况在运单记事栏内注明。

易腐、易碎、易溢漏的液体和危险品同普通货物以及性质相抵触、运输条件不同的货物，不得使用同一张运单托运。

一张托运单托运的件货，凡不具备同品名、同规格、同包装的货物，以及搬家货物，应提交物品清单。

托运集装箱，应注明箱号和铅封号；接运港、站的集装箱还要注明船名、航次或车站货、箱位，并提交装箱清单；集装箱运输贵重、易碎、怕湿等货物，每张运单至少1箱。

轻浮货物及按体积折算重量的货物，要准确填写货物的数量、体积、折算标准、折算重量及其相关数据。

托运人要求自理装卸的，经承运人确认后，在运单内注明。

托运人委托承运人代递有关证明文件、化验报告或单据等，须在托运人记事栏内注明名称和份数。

托运有特殊要求的货物，在运单托运人记事栏内注明洽定的运输条件和特约事项。

托运人必须准确填写运单的各项内容，字迹要清楚，对所填写的内容及所提供的有关证明文件的真实性负责，并须签字盖章；托运人或承运人改动运单时，亦须签字盖章。①

2.11.2 变更和取消

根据《汽车货物运输规则》和《公路货物运输合同实施细则》的规定，运输变更、取消的办理应遵循下述规则。

（1）承运人在货物起运前可要求变更运输货物的名称、数量、起讫地点、运输时间、收/发货人，而在货物起运后仅在可能条件下可要求变更到达地或收货人；承运人在货物起运前可要求变更运输日期、车辆种类和行车路线。

（2）货物起运前，可办理取消托运；货物起运后，原则上不办理取消托运。

（3）承、托双方的任何一方都不得擅自变更、取消运输。如确有特殊原因需变更、取消运输，须经双方同意。取消运输的要求应以书面形式（包括公函、电报、变更计划表、电子邮件等）提出或答复；托运人电话申请变更，需详细说明运单编号和变更事项，双方复述无误，并做好电话记录，事后补办变更手续。

（4）运输变更、取消涉及国家指令性计划的，在达成变更、取消的协议前，应报下达计划的主管部门核准。

因变更、取消运输而发生的费用，分别由变更方、取消方负担；如变更运输的要求是在合同规定期限外提出，还须负担双方已造成的实际损失。

2.11.3 途中货物交接

（1）承托双方应核对包装货物后交件：原则上，对散装货物要磅交磅收；对“门到

① 我国各地的管理托运方法不尽相同，这里介绍的方法仅作为实际工作的参考。

门”重箱、集装箱及其他施封的货物要凭铅封交接。

（2）托运人应凭约定的装卸手续发货；装货时，双方应在场核对货物品名、规格、数量是否与运单相符，查看包装是否符合规定标准或要求。承运人确认无误后，应在托运人发货单上签字；发现不符合规定或危及安全运输的货物不得起运；包装轻度破损、短时间修复换调有困难、托运人坚持装车起运的货物，经双方同意，并做好记录和签名盖章后，方可装运，其后果由托运人负责。

（3）货物运达指定地点后，收货人和承运人应在场交接，收货人查验无误后应在承运人所持的运费结算凭证上签字；如发现货损、货差，双方交接人员应做好记录并签字确认，经双方共同查明情况、分清责任后，由收货人在运费凭证上批注清楚；收货人不得因货损、货差拒绝收货。

（4）货物交接时，承托双方如对货物重量和内容有疑义，均可提出查验和复磅。如有不符，按有关规定处理；查验、复磅所发生的费用，由责任方负担。

（5）承运人对自领货通知次日起超过 30 天无人领取的货物，按以下规定处理：①建立台账，及时登记，妥善保管，在保管期间不得动用货物，并认真查寻物主；②经多方查询，超过一个月仍无人领取的货物，按《关于港口、车站无法交付货物的处理办法》办理；鲜活和不易保管的货物，经企业主管部门批准可不受时间限制。

2.11.4 事故赔偿手续

根据《汽车货物运输规则》和《公路货物运输合同实施细则》的规定，货运事故的赔偿应按下述规则办理。

（1）受损方要求赔偿时，应提交赔偿要求书，并附货物运单、货物事故记录和有关证明文件，保价运输物品还要附声明价格的物品清单，要求退还运费的还应附运杂费收据。

（2）货物损失赔偿费包括货物价格、运费和其他杂费，全部灭失（含报废，下同）全部赔偿，部分灭失部分赔偿，能够修复的按修理费加送修费赔偿，不能修复但尚能使用的按损失程度所减少的价值赔偿。由于承运人责任造成货物灭失，以实物赔偿的，运费照收；按价赔偿的，退还已收运费。属托运人责任的，运费不退；尚能使用的，不论何方责任，运费照收。

（3）承运人委托第三者组织装卸，因装卸原因造成货物损失，由装卸人负责赔偿；但承运人应先向托运人赔偿，再向装卸人追索赔偿。

（4）承托双方彼此间要求赔偿的时效，从签注货运事故记录次日起不超过180天，逾期无效；责任方应在收到要求赔偿书的次日起60天内处理完毕，特殊情况经双方协商可适当延长处理时间。

（5）赔偿金在明确责任后10天内赔付，不得用扣留货物或拒付运费来充抵。

（6）丢失货物赔偿后货物又被查回，应送还原主，收回赔偿金或实物；原主不愿接受的或无法找到原主的失物，由承运人自行处理。

（7）承托双方对货物逾期到达、车辆延滞、装货落空都有责任时，按各自责任所造成的损失相互抵除后，赔付差额。

2.11.5 其他注意事项

（1）询价：托运人询价，公路货运代理会根据自己预测的市场价格进行运费报价。

（2）如果是整车运输，双方要签订运输合同，对于托运人送来的整车货，货运代理会安排装车；也可以指示司机直接去托运人指定地点装车，距离远一些的要加收一部分费用。

（3）如果是零担运输，由托运人填写“汽车零担货物运输运单”，公路货运代理会安排上门提货，或者由托运人将货送至公路货运代理指定地点交货。托运普通零担货物中不得夹带危险、禁运、限运和贵重物品。零担货物的包装必须符合国家和交通运输部门的规定和要求，对不符合包装标准和要求的货物，应由托运人改善包装，对不会造成运输设备及其他货物污染和货损的货物，如托运人坚持原包装，托运人要在“特约事项”栏内注明自行承担由此可能造成的货损，经承运人同意后，承托双方签章生效。公路货运代理可以接受零担货物的暂存，待货量达到整车，就会发货；一旦不能满足整车货量，公路货运代理会把相同目的地的货物集中起来运输，主要原因之一就是保证整车货量出运，以便于计算成本，所以公路零担的运输发车时间可能不准。

（4）托运危险物品时，其包装应严格遵守交通运输部颁发的《公路危险货物运输规则》；按承托双方协议办理运输易污染、易破损、易腐烂和鲜活物品，其包装必须严格遵守双方协议的规定。

（5）托运政府法令禁运、限运以及需要办理公安、卫生检疫或其他准运证实的零担货物，托运人应同时提交有关证明文件。

（6）托运时，托运人应在每件货物两端分别拴贴统一规定注有运输号码的货物标签。需要装卸、堆码、储存的货物，应在货物明显处加贴储运指示标志，并在运单“特约事项栏”内注明。

（7）途中的转运是由不同的公路货运代理之间相互委托完成的；一般不提供中途跟踪服务，即便有，通常也是通过电话联系；有些经营专线的公路货运代理或者运输公司会安装 GPS（全球定位系统）；有的托运人会安排跟车人随车监控，但是采用跟车人的做法并不常见。

（8）抵达目的地后，起运地的公路货运代理会安排目的地公路货运代理接货，然后通知收货人取货，或者安排送货，送货要收取送货费用。

2.12 公路货运平台

公路货运平台是我国公路货运物流服务方式不断创新的产物。公路货运平台是指运用互联网、物联网技术搭建的服务于公路货运产业链上下游多边市场的线上、线下商业交易媒介或辅助服务体系。公路货运平台，既包括线上的交易平台，也包括以互联网技术为支撑的线下实体物流服务或管理服务平台。目前很多当事人都会利用平台进行操作，公路货运平台有车货匹配平台、车队管理平台、专线加盟平台、网络加盟平台、园区服务平台、城市配送平台①以及其他配套服务平台。

2.12.1 车货匹配平台

以“黄牛”“信息部”或“无车承运人”等中介服务为核心业务，实现运力、货源交易需求对接的车货匹配平台，是我国公路货运行业应用互联网技术最具代表性的商业方式探索。这类平台尝试连接和服务于有货运需求的“货源方”和“运力方”，实现交易匹配和附加服务，以创造客户价值和实现平台营利。

以中介服务为业务核心的干线车货匹配平台包括“运满满”“货车帮”“骡迹（罗计）物流”等。以“货车帮”为例，平台在移动端和电脑端都开发了交易服务界面，有货运

① 城市配送平台详见物流企业运营管理模块内容。

需求的企业和公路运输企业都可以实时查询货运需求、线路和车辆信息。通过匹配车源方和货源方的需求来实现快速交易，有效降低了车辆返程空载率，缩短了等待时间。成交之后，企业还可以对车辆进行跟踪。此外，平台还附加高速通行、车辆保险、货运金融等汽车售后市场服务。

除了以“去中介化”思路进行运营之外，一些公路货运平台采用了依托传统中介构建服务的方式。例如，“福佑卡车”定位为“为公路货运经纪人赋能”的干线整车互联网交易平台，以整合线下传统经纪人和中介服务商的方式实现快速扩张。从 2015 年 3 月平台上线到 2017 年，平台年交易额已超过 40 亿元。2017 年 3 月，平台获得君联资本、钟鼎创投、普洛斯、中航信托和真格基金等 2.5 亿元 C 轮融资①，呈现稳定、高速发展态势。

2.12.2 车队管理平台

以车辆服务为业务核心的干线车队管理平台主要以运力端资源为切入点，谋求通过服务运力方来获取平台收益或通过集成的运力池服务为货主企业提供运力解决方案。这类平台主要包括“路歌管车宝”“好多车”“志鸿物流”等。由于中国公路货运的个体企业较多，车队管理平台一般都会整合社会运力，形成加盟型的市场整合平台。

2.12.3 专线加盟平台

专线服务是中国传统干线公路货运企业的基本服务产品。中国道路货物运输经营业户，即公路货运代理，大部分是从事干线货运的中小专线企业。专线市场进入壁垒低，许多企业都是个体经营，只靠一辆车经营一条或两条线路，产品同质、价格竞争特征明显。

2014 年前后，这类联盟型平台迅速发展，帮助中小货运企业快速形成了覆盖范围广泛的物流运输网络。典型平台企业包括“壹米滴答”“万众物流”等。“壹米滴答”通过区域专线联盟的形式，自下而上合作构建跨省干线，而各自区域（省内专线）则交由原有参与联盟的专线企业进行运营，同时各方共同持股联盟平台，共享合作收益。公司最初由 6 家区域零担物流企业结盟而成，目前服务区域拓展至全国 33 个省份，2016 年和 2017 年共

① 福佑卡车．福佑卡车公司简介［EB/OL］.［2018-01-25］. https：//www.fuyoukache.com/us.html？target=us_company.html.

获得4轮亿元以上风险投资[①]。

2.12.4 网络加盟平台

广阔的地理空间和非均衡的需求密度使中国专线物流形成多级分拨的物流网络形态。越靠近货物落地密集的城市区域，物流运输的定向分拨需求和定制化服务需求就越发凸显。

（1）“枢纽+干线”是中国公路货运相对标准化的运作业务，终端的收发网络则由分散专线、“信息部”构成。以“枢纽+干线”为业务核心的网络加盟平台着眼于构建全网服务，多数在枢纽、干线领域加强自营，同时收编终端分散收发资源，形成平台化运营。典型企业平台包括“卡行天下”“安能”“商桥”“远成”等。安能物流在全国布局210个分拨中心、4000多条卡车线路和17000多个网点[②]，在中国干线零担运输企业中处于领先地位。

（2）卡行天下同时采用线上、线下整合的平台加盟方式，但不直接参与加盟企业的管理和运营，仅输出资源和管理标准，始终放开终端加盟，较少参与终端自营。

2.12.5 园区服务平台

公路货运物流园区是公路干线物流收派和发运业务的聚集区，可以同时服务于大型公路干线企业的分拨中心（仓库）和中小型专线。在传统公路货运中，园区一般为地产型和物业型，以提供基础服务和收取租金、物业费为收入来源。在公路货运市场整合和平台发展过程中，传统园区也开始运用平台思维，利用枢纽优势，开放加盟园区间的干线公路物流服务，拓展城市“落地配”服务，形成综合物流服务平台。

（1）以枢纽服务为业务核心的干线“园区服务”平台大多由具有传统园区运营资源的企业转型而来，如“传化”“林安”“深国际”等园区物流企业。

（2）依托传统货运服务资源转型发展园区服务的“天地汇”物流等。这类平台运营方式也存在差异。例如，传化物流集团有限公司在早期公路港实体平台方式上，通过开发陆鲸、易货嘀等互联网平台，形成干线物流和门店收货点的加盟平台体系。

---

① 壹米滴答．壹米滴答企业概况［EB/OL］．［2018-01-25］．http：//www. yimidida. com/common/introduce. jsp?pmenu=gyymdd&menu=qygk.

② 安能物流．安能物流企业概况［EB/OL］．［2018-01-25］．http：//www. ane56. com/ane/aboutus. jsp.

（3）天地汇物流则依托传统干线专线资源，以租赁、托管代运营园区的方式向枢纽端服务扩展，同时开放加盟平台，整合终端线路、车辆和中介运输服务。

2.12.6 其他配套服务平台

公路货运配套服务种类众多，目前与互联网平台化关联较为密切的服务包括如下几类。

（1）信息服务平台。典型企业如易流 GPS、oTMS 等。这些企业通过自身的信息系统和物流定制化方案解决能力，发挥着第四方物流功能，并将货主、中间商、实际承运商和收货方的资源整合到系统中，形成面向客户需求的物流服务商闭环、透明服务体系。各方在平台上形成即时交流的社区，降低了传统方式下货源企业物流服务采购的信息搜寻、判断和中间服务成本。这类平台并不重点依托某项核心服务内容和货运资源，而是通过 GPS 等技术支持提升物流服务链条的整体效率。例如易流为沃尔玛、保洁提供的易流云服务，以及 oTMS 为绫致时装提供的管理多层级分包商的 SaaS（Software as a Service）系统服务。

（2）代收货款等金融服务平台。这些平台为公路货运企业服务，为客户提供代收货款、融资、保险等金融服务。这些平台企业包括易代收、随行付等。

（3）大数据货运管理服务平台。如 G7 货运人平台基于对客户车辆安装的 GPS 等传感器，实时获取车辆和驾驶员的作业信息。实现行程识别、实时异常报警、事故取证判责等。该平台通过大数据综合判断，为客户车队提供基于司机疲劳驾驶的安全预警服务，大幅度降低了车队因疲劳驾驶产生的道路事故发生率。

（4）在辅助市场（维修、加油、停车、洗车、验车、交通罚款）、司机服务（住宿、餐饮、休闲、驾驶辅助）等方面的一些平台服务。

2.13 相关法律法规

（1）《国际贸易术语解释通则 2000 \ 2010》（以下简称《通则 2000》《通则 2010》）中与陆路货运相关的条款。

《通则 2000》：EXW、FCA、CPT、CIP、DAF、DDU、DDP。

《通则 2010》：EXW、FCA、CPT、CIP、DAP、DAT。

(2)《中华人民共和国合同法》。

(3)《中华人民共和国公路法》。

(4)《中华人民共和国道路交通安全法》。

(5)《中华人民共和国节约能源法》。

(6)《中华人民共和国道路运输条例》。

(7)《公路安全保护条例》。

(8)《道路货物运输及站场管理规定》。

(9)其他。

2.14 小结

在运输中，公路/道路运输是完成“门到门”运输的唯一模式。我国国内大量货物都是通过公路运输完成的。公路运输一般以汽车为运输工具，机动灵活，使用方便，能深入到市区、厂矿、铁路车站、码头、农村、山区、社区等各个地点，加之我国高速路和其他等级的公路网发达，纵横交错、布局紧密，因而公路运输是联系点与点之间的主要运输模式。

本节重点讨论了我国公路运输的特点，介绍了我国公路运输当事人的经营方式，公路货运物流企业，公路运输货物的发运过程，制定运价时必须考虑的因素，运费计算原则以及托运人办理公路运输手续的注意事项等，从而达到降低成本、规避风险、提高效率的目的。

2.15 思考题

1. 简述公路货物运输概念。
2. 简述公路运输的优劣势。
3. 公路货运组织方式有哪些?
4. 公路货运代理公司的操作和职责是什么?
5. 如何填写公路货运单证?
6. 发货人如何委托公路运输?

单元1
概　述

单元2
公路货物运输

单元3
水路货物运输

单元4
航空货物运输

单元5
铁路货物运输

单元6
多式联运

单元3　水路货物运输

学习目标

通过学习本单元，你应该能够：

1. 了解水路货运的概念及特点
2. 理解水路货运的设施和工具
3. 了解水路货运涉及的当事人
4. 理解水路货运的优劣势
5. 掌握各种当事人的操作流程
6. 了解各类船舶
7. 理解集装箱船
8. 掌握集装箱
9. 了解水路货运当事人的工作范围和角色
10. 了解班轮运输和船务代理
11. 了解船务代理公司的主要工作
12. 掌握货运代理人的主要工作
13. 了解海运运价构成
14. 掌握当事人进出口作业流程
15. 理解读懂船期表
16. 掌握海运费构成及询价注意事项
17. 掌握报检和报关术语及基本内容
18. 掌握进出口报关的重要性和流程
19. 理解无纸化通关
20. 掌握报关企业操作流程
21. 理解跨境电子报关流程
22. 掌握基本单证术语
23. 了解海运单证的重要性和作用
24. 掌握提单
25. 掌握缮制提单（B/L）的注意事项
26. 理解海运风险与防范

中国水路网

3.1 水路货物运输的概念

航运业对经济活动的发展至关重要，因为国际贸易需要船舶在生产地和消费地之间运送货物。海运是国际贸易的基础之一，它是世界各地货物运输成本效益最好的运输模式。海上货物运输航线也是许多国家的经济命脉，统计记录表明超过80%的世界贸易量是利用国际海运方式完成的，海上运输是支持国际贸易发展和加速全球化的支柱。因此，水路货物运输中的国际水路货物运输发挥着其他运输模式不可替代的作用。

水路货物运输（也称水路货运）是以船舶为主要运输工具、以港口或港站为运输基地、以水域（海洋、河、湖等）为运输活动范围的一种货物运输。水路运输是货物在港口间用船舶实施的运输。

水路货物运输是指自货物装上船时起，至卸下船时止，以及为装卸做准备和完成装卸的一段期间内的运输。本单元讨论的范围是从发货人订舱至船舶卸货为止和收货人实际收到货物的实际操作。

3.1.1 水路货物运输的特点

与其他运输模式相比，水运具有如下特点。

（1）开发利用涉及面较广。

（2）对综合运输的依赖性较大。水运航线无法在广大陆地上任意延伸，故水运的充分开发利用与铁路、公路和航空等运输模式配合并实行多式联运是不可分的。

（3）水运是开展国际贸易的主要模式，是发展经济和友好往来的主要交通工具。

3.1.2 水路货物运输的分类

水运方式可以分为海运和河运两种，还可以细分为内河运输、沿海运输、近海运输、远洋运输四种形式，本模块侧重讨论海洋运输（也称海运）。

（1）内河运输：使用船舶在陆地内的江、河、湖、川等水道进行运输的水运方式。

（2）沿海运输：使用船舶通过大陆附近沿海航道运送货物的水运方式。

（3）近海运输：使用船舶通过大陆邻近国家海上航道运送货物的水运方式。

（4）远洋运输：使用船舶跨越大洋的长途运输水运方式。

3.1.3 水路货物运输的优劣势

1. 水路货物运输的优势

（1）成本低。

（2）载货量大。

（3）通过能力大。

（4）耗能少。

（5）投资省。

（6）少占或不占农田。

与其他运输模式相比较，水路货物运输有成本低、对环境的污染明显小于航空运输和公路运输等多种优势。

2. 水路货物运输的劣势

（1）受自然条件的限制与影响大，即受海洋与河流的地理分布及其地质、地貌、水文与气象等条件和因素的明显制约与影响。

（2）运输速度不高。

（3）对综合运输依赖性较大。

（4）灵活性小。

（5）连续性差。

（6）有些地方需要对航道加宽、疏浚、挖深或沟通。

3.2 水路运输设施和工具

3.2.1 水路运输设施

水路运输主要分为国内水路运输和国际水路运输。水路运输设施包括港口、仓库、码头、装卸设备等。

本节重点讨论水路货物运输的设施，如港口、集装箱船，以及工具，如船舶类型、集装箱箱型、集装箱相关标志的含义以及在物流管理中的作用等。

1. 港口

港口是航运的起点和终点。船只的补给、旅客的上下、货物的装卸和船舶的检修等相关事宜都在港口进行。

港口集疏货物和旅客的能力，是指每年有多少货物和旅客在这里集中起来用船舶运往外地，又有多少货物和旅客被送到这里进行疏散的能力，称为港口的年吞吐能力。

2. 海关监管仓库

这类仓库指存放进出口、过境、转运、通关货物，以及保税货物和其他尚未办结海关手续的进出境货物的仓库。该仓库主要存放货物以及行李物品进境而所有人未来提取，或者无证到货、单证不齐、手续不完备以及违反海关章程，海关不予放行，需要暂存海关监管仓库听候海关处理的货物。

3. 集装箱堆场

集装箱堆场，有些地方也叫场站，其主要业务是办理集装箱的装卸、转运、装箱、拆箱、收发、交接、保管、堆存、搬运、修理、冲洗、熏蒸，以及承揽货源等工作。

3.2.2 水路运输工具

1. 船舶

船舶①是指海船和其他海上移动式装置，包括属具。用于军事、政府公务的船舶和20

① 见《中华人民共和国海商法》第三条。

总吨以下的小型船舶除外。[①]船舶可以分为两大类：散杂货船和集装箱船。散杂货船专门装运散货（无包装/裸装货）和杂货（有包装），多为原材料和低价值的初级产品。这类船舶主要分为轻便型（Handy size & Handy max）、巴拿马型（Panamax & Post Panamax）和好望角型（Cape size）。[②] 集装箱船装运各类重箱和空箱。船舶由船壳、船架、甲板、船舱、驾驶台和轮机等设备构成。

2. 船舶的种类

（1）客货两用船：除了载运旅客之外，还装载有部分货物（水线以下的船舱尽可能用来装货）。客货两用船在要求上与客船相同。

（2）散货船：一般散装运输谷物、煤、矿砂、盐、水泥等大宗干散货物的船舶都可以称为干散货船或简称散货船。干散货船承载的货种单一，承运的基本是裸装货物，如矿砂、谷物、原木等不需要包装成捆、成包、成箱后装载运输，这些是不怕挤压、便于装卸的货物，所以都是单甲板船。散货船的等级分为灵便型散货船（Handysize Bulk Carrier）、巴拿马型散货船（Panamax Bulk Carrier）、好望角型散货船（Capesize Bulk Carrier）和大湖型散货船（Lake Bulk Carrier）。

（3）杂货船：载运各种有包装或成件货物的运输船舶。在内陆水域中航行的杂货船吨位有数百吨、上千吨，远洋运输中的杂货船可达 2 万吨以上。杂货船有良好的经济性和安全性，不追求高速。

（4）集装箱船是指运输集装箱货物的船舶。该类船舶可分为三种类型。全集装箱船：专门装运集装箱的船，不装运其他形式的货物；半集装箱船：船的中部区域为集装箱的专用货舱，两端货舱装载其他杂货；可变换集装箱船：多用途船，这种船的货舱根据需要可随时改变，既可装运集装箱，也可以装运其他普通杂货，以提高船舶的利用率，此类船舶比较少。

（5）其他类型船：滚装船、载驳船、散粮船、煤船、兼用船（矿石/油船、矿/散货船/油船）、特种货船（运木船、冷藏船等）、油船、液化气体船、液体化学品船等。

---

① 见《统一提单的若干法律规定的国际公约》（1924 年 8 月 25 日颁布，1942 年 8 月 25 日实施），即《海牙公约》。

② 国际船舶合作组织发布的《国际船舶分类》中定义轻便型：5 万吨以下；巴拿马型：5 万~8 万吨；好望角型：最高达 18 万吨。

3.2.3 集装箱船简介

集装箱最早用于陆上运输，是运输史上一大技术革命，目前已成为船运的一种有效形式。第一艘集装箱船是美国于1957年用一艘货船改装而成的，其装卸效率比当时的常规杂货船高10倍，停港时间大为缩短，并降低了运货、装卸的货损率。从此，集装箱船得到迅速发展，到20世纪70年代已成熟定型。

集装箱船结构和形状与常规散杂货船明显不同。集装箱船为单甲板，上甲板平直，货舱口达船宽的70%~80%，上层建筑位于船尾或中部靠后，从而让出更多的甲板堆放集装箱。集装箱船装卸速度快，停港时间短，采用比散货船高的航速。近年来为了节能，一般采用经济航速①。

集装箱船其实就是一个庞大的仓库。舱内装有垂直导轨（半集装箱船无导轨），集装箱沿垂直导轨下舱，船在海上遇到恶劣天气时，导轨可以牢牢地固定住集装箱。因为集装箱都是由金属制成，而且是密封的，里面的货物不会受雨水或海水的侵蚀。除此之外，集装箱还有部分透气功能。集装箱船一般停靠在专用的码头，用码头上专门的大型吊车②装卸，效率非常高，被现代水运业普遍采用。

1. 集装箱船的基本类型

除了半集装箱船（Semi-container Ship）、全集装箱船和多用途集装箱船以外，根据克拉克森③统计，集装箱船还可以分为以下六类。

（1）小型支线船：100~499 TEU。

（2）大型支线船：500~999 TEU。

（3）灵便型船：1000~1999 TEU。

（4）次巴拿马型船：2000~2999 TEU。

（5）巴拿马型船：3000~3999 TEU。

（6）超巴拿马型：4000以上 TEU。

2. 集装箱船舶的发展

（1）第一代集装箱船：20世纪60年代，横跨太平洋、大西洋的装箱船，可装载

① 一般的经济航速为18节，也有20~22节一说，1节等于1海里/小时，即每小时航速为1852米。

② 业内称作“岸吊”。

③ 克拉克森研究公司（www.clarksons.net）是世界领先的航运与海洋工程研究咨询公司。

700~1000 TEU [①]。

（2）第二代集装箱船：进入20世纪70年代，集装箱船的集装箱装载数增加到1800~2000TEU，航速也由第一代的23节提高到26~27节 。

（3）第三代集装箱船：1973年石油危机以来，第二代集装箱船被视为不经济船型的代表，故而被第三代集装箱船取代。这代船的航速降低至20~22节，但由于增大了船体尺寸，提高了运输效率，使集装箱的装载数达到了3000TEU。因此，第三代船被称作高效节能型船。

（4）第四代集装箱船：20世纪80年代后期，集装箱船的航速进一步提高，集装箱船大型化的限度以能通过巴拿马运河为准绳。第四代集装箱船集装箱装载总数增加到4400 TEU。

（5）第五代集装箱船：第五代集装箱船可装载4800TEU。

（6）第六代集装箱船：这代集装箱船最多可装载8000TEU，拉开了巨型集装箱船的序幕。

（7）以后的（也称作第七代或者第八代）集装箱船：世界上的大集装箱船达到长366.10米，宽51.3米，宽51.29米，面积相当于48个篮球场，吨位为137000吨，能够装载13798TEU，最大吃水15米。比目前美国海军尼米兹级航空母舰还要长30多米；如果将它垂直竖起来，比埃菲尔铁塔还要高出50米；甲板面积相当于50个世界标准篮球场的大小。这些集装箱若改用火车运输，车厢的总长度将达到90千米。

（8）2014年韩国现代重工集团为中国远洋建造的“中海环球”号巨型远洋轮船最大载运量将近达到19100 TEU，这艘船长400米，宽近60米，船体大小超过4个标准足球场，排水量20万吨。它比美国尼米兹级航母还长67米。宽近60米，相当于20条标准汽车车道，仅甲板的面积就达到2.4万平方米。

（9）2015年，中国上海港在建的巨型集装箱船装载量已经达到21000TEU。

3.2.4 集装箱应用

集装箱最早用于陆上运输，是运输史上一大技术革命，很快便成为船运的一种有效

① TEU是Twenty Equivalent Unit的缩写，即国际标准集装箱，以长度为20英尺的集装箱为国际计量单位，也称国际标准箱单位。

形式。

集装箱运输是将各种杂货集装于具有统一长、宽、高规格的箱体内进行运输，集装箱有很多类型，使用最多的就是普通干货集装箱。这些集装箱既可以装船利用水路运输货物，也可通过铁路、公路运输，实行联合运输，中途更换车船而不必把货物取出，可以提高装卸效率，有利于机械化操作，减轻繁重的体力劳动，减少货物的损失，降低货物的运输风险，简化繁杂的手续，加快车船的周转并且降低运输成本。同时，集装箱运输支持了从发货人的仓库直接送到收货人的仓库的“门到门”物流服务，使得供应链上的物流更加顺畅。在实际操作时，人们通常把集装箱靠箱门的一端称作集装箱的后面，即集装箱是从后面装箱的。

3.2.5 集装箱种类

集装箱有很多种，如普通集装箱、冷冻集装箱、内置式集装箱、开顶集装箱、框架集装箱、牲畜集装箱、罐式集装箱、平台集装箱、通风集装箱、保温集装箱、散装货集装箱、散装粉状货集装箱、挂式集装箱和其他专用集装箱等。下面对各种集装箱做简单介绍。

国际标准普通干货集装箱内尺寸

3.2.6 集装箱类型

我国大部分地区称这种运输工具为集装箱，我国南方，特别是中国香港习惯称其为货柜。集装箱基本分为以下类型。

1. 普通集装箱，又称干货集装箱（Dry Container）

以装运件杂货（干货）为主，通常用来装运文化用品、日用百货、医药、纺织品、电子机械、工艺品、化工制品、五金交电、仪器及机器零件等。这种集装箱约占集装箱总数的70%~80%。

2. 冷冻集装箱（Reefer Container）

温度可在-28℃ ~26℃调整，分为外置式和内置式两种。

内置式集装箱：在运输过程中可随意启动冷冻机，使集装箱保持指定温度。

外置式集装箱：必须依靠集装箱专用车、船和专用堆场、车站上配备的冷冻机来制冷。这种箱子现在使用的不多，适合在夏天运输黄油、巧克力、冷冻鱼肉、炼乳、人造奶油等物品。

3. 开顶集装箱（Open Top Container）

开顶集装箱没有箱顶，可用起重机从箱顶上装卸货物，途中用防水布覆盖顶部，适合于装载体积高大的物体，如玻璃板、雕塑、较重的设备等。

4. 框架集装箱（Flat Rack Container）

框架集装箱没有箱顶和两侧，特点是从集装箱侧面进行装卸。以超重货物为主要运载对象，便于装载牲畜，还可以装运如钢材之类的裸装货。

5. 牲畜集装箱（Pen Container）

牲畜集装箱侧面采用金属网，通风条件良好，便于饲喂，是装运牛、马等活的动物的特殊集装箱。

6. 罐式集装箱（Tank Container）

罐式集装箱又称液体集装箱或者罐箱。是运输食品、药品、化工品、酒类等液体货物的特殊集装箱，其结构是在一个金属框架内固定上一个液罐。

7. 平台集装箱（Platform Container）

平台集装箱形状类似铁路平板车，适宜装超重超长货物。长度可达 6 米以上，宽 4 米以上，高 4.5 米左右，重量可达 40 吨。两台平台集装箱联结起来可以装 80 吨的货物，这种箱子装运汽车极为方便。

8. 通风集装箱（Ventilated Container）

通风集装箱箱壁有通风孔，内壁涂塑料层，适宜装新鲜蔬菜和水果等怕热怕闷的货物。

9. 保温集装箱（Insulated Container）

保温集装箱箱内有隔热层，箱顶有能调节角度的进出风口，可利用外界空气和风向来调节箱内温度，密闭时能在一定时间内不受外界气温影响，适宜装运对温湿度敏感的货物。

10. 散装货集装箱（Bulk Container）

散装货集装箱一般在顶部设有 2~3 个装货的小舱口，底部有升降架，可升高成 40°的倾斜角，以便卸货。这种箱子适宜装粮食、水泥等散货，如对货物进行植物检疫，还可在箱内熏舱蒸洗。

11. 散装粉状货集装箱（Free Flowing Bulk Material Container）

散装粉状货集装箱与散装箱基本相同，但装卸时使用喷管和吸管操作。

12. 挂式集装箱（Dress Hanger Container）

挂式集装箱简称挂衣箱，内部有可悬挂衣服的设备，适合装运服装类商品的集装箱。

13. 其他专用集装箱

其他专用集装箱指装运有特殊要求的其他货物，如用于装运有毒物品、危险品等。

随着国际贸易的发展，商品结构不断变化，今后还会出现各种不同类型的专用或多用集装箱。

3.2.7 集装箱标识

集装箱的箱体上都标有唯一的集装箱号，以区别于其他集装箱。集装箱箱号由 4 个英文字母加 7 个数字组成。前 3 个字母是箱主（船公司或租箱公司）代码，如中远是 CBH、中海是 CSC、达飞是 CGM/CMA、马士基是 MSK、地中海航运是 MSC、东海外海是 OOL 等。第四个字母都是 U（有少数例外，如 APLS 是 APL 船公司的 20 英尺集装箱），是海运集装箱的代号。后面的 6 个数字，是集装箱的唯一的号码。最后 1 个数字用 1 位阿拉伯数字表示，并加方框以醒目，叫作集装箱的识别码/核对号，用于计算机核对箱主号与顺序号记录的正确性，如图 3-1 所示。

图 3-1　集装箱标识

3.3 水路货物运输的货物种类

货物包括货物、制品、商品和任何种类的物品，但活牲畜以及在运输合同上载明装载于舱面上并且已经这样装运的货物除外。[①]

相对于其他运输模式，水路货物运输的特点是运输距离长、运费低、运输时间长、运输风险比较大，适合于非紧急的运输服务。集装箱的使用大幅度降低了货损和货差。水路货物运输的货物大部分属于进出口或者非贸货物。货类基本可以分为普通货物和特种货物两大类。

适合水运的普通货物和特种货物基本包括以下几种。

（1）普通干货。

（2）冷冻货。

（3）危险品。

（4）鲜活货物。

（5）液态货物。

（6）超长、超宽、超高、超重的大件货物。

3.4 水路货物运输的当事人

水路货物运输涉及与货物运输相关的当事人，如发货人（出口商）、收货人（进口商）、承运人（船公司）、船务代理、货运代理、报关代理、银行、保险公司、检验机构和海关等[②]，本模块中的“人”是组织的概念。在这些当事人中接受服务的有发货人和收货人，其他当事人为其提供服务，本单元主要讨论这些提供服务的当事人，即第三方物流的服务范畴。

本单元所涉及的当事人的简述如下。

3.4.1 托运人

托运人[③]是运输合同的主要当事人之一。托运人的定义是指本人，或者委托他人以本人

① 《统一提单的若干法律规定的国际公约》，即《海牙公约》，第一条（c）。

② 本节涉及海运实务操作的当事人如相关的银行、保险公司、检验机构等未做讨论。

③ 泛指发货人、收货人、委托人或货主。

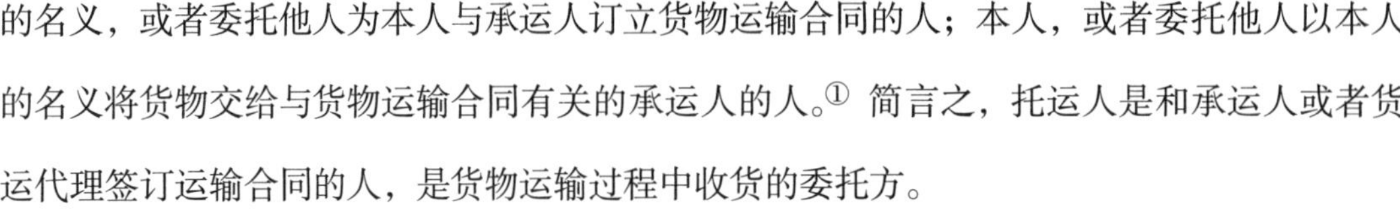

的名义，或者委托他人为本人与承运人订立货物运输合同的人；本人，或者委托他人以本人的名义将货物交给与货物运输合同有关的承运人的人。[①] 简言之，托运人是和承运人或者货运代理签订运输合同的人，是货物运输过程中收货的委托方。

统一提单的若干法律规则的国际公约（即海牙-维斯比公约）

3.4.2 承运人

承运人是在货物运输合同中承担提供运输工具（船舶、飞机、汽车、火车等）并负责按照托运人的指示将货物运送到目的地的当事人。货运代理以承运人的方式经营时称为无船承运人（NOVCC），无船承运人具有承运人的责任和职能。

国际贸易术语解释通则 2000 和 2010

《国际贸易术语解释通则 2000》（《Inconterms 2000》，以下简称《通则 2000》）对承运人的解释：在运输合同中，承诺通过铁路运输、公路运输、航空运输、海洋运输、内河运输或以上述运输的联合方式履行运输或承担办理运输业务的任何人。

实际承运人是指接受承运人委托，从事货物运输或者部分运输的人，包括接受转运委托从事此项运输的其他人。[②]

3.4.3 货运代理

中华人民共和国海商法

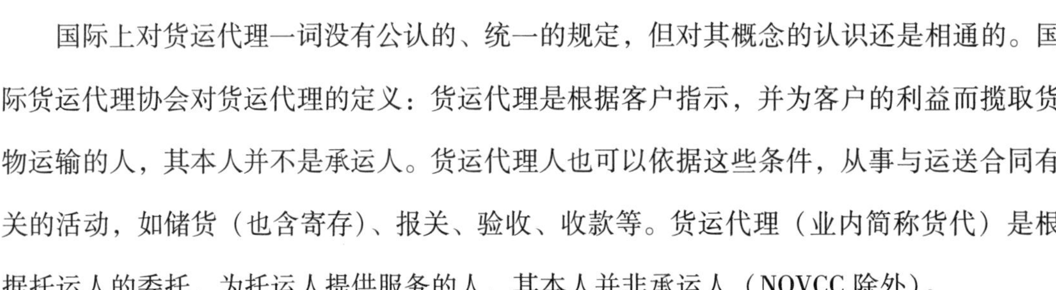

国际上对货运代理一词没有公认的、统一的规定，但对其概念的认识还是相通的。国际货运代理协会对货运代理的定义：货运代理是根据客户指示，并为客户的利益而揽取货物运输的人，其本人并不是承运人。货运代理人也可以依据这些条件，从事与运送合同有关的活动，如储货（也含寄存）、报关、验收、收款等。货运代理（业内简称货代）是根据托运人的委托，为托运人提供服务的人，其本人并非承运人（NOVCC 除外）。

传统的货运代理人不承担任何运输上的风险，不承担承运人的责任，具有投资运作成本低、责任轻、风险小的优点，但利润来源单一微薄，只能按提供的劳务收取一定的报酬，即代理费、佣金或手续费。由于目前几乎没有托运人向货运代理人支付类似的报酬，所以货运代理也利用运费差价来获利，对于这种收费方式在法律界始终存在争议。

随着拼装运输业务的出现，货运代理人开始往承运人的方向发展，并在整个运输环节中具有双重身份。于是，出现了无船承运人[③]，也称作无船公共承运人，同属货运代理

① 参考《海牙-维斯比公约》相关内容。

② 《中华人民共和国海商法》，第四章第一节第十二条。

③ 无船承运人 NVOCC，全称为 Non Vessel Operating Common Carrier。

范畴。

对货主而言，其为承运人，签发自己的提单或其他运输单证，向托运人收取运费，通过国际船舶运输经营者完成国际海上货物运输，是承担承运人责任的海上运输经营活动的组织；对实际承运人而言，其为托运人。海上货物运输中的无船承运人是这种双重身份的典型表现。货运代理公司作为契约（无船）承运人时，在整个运输环节中具有双重身份，分别与货主和实际承运人签订两个背靠背的运输合同。对货主而言，其法律地位为契约（无船）承运人，对实际承运人而言，其法律地位为托运人。我国 2002 年 1 月 1 日颁布实施的《中华人民共和国国际海运条例》第一次在立法中正式引入无船承运人概念，无船承运人与当事人关系如图 3-2 所示。

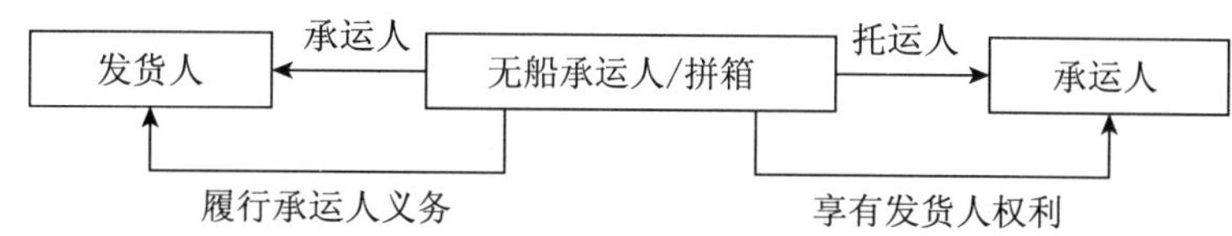

图 3-2　无船承运人与当事人关系

综合世界各国航运立法和实践来看，无船承运人只是航运实践中的一种习惯性称谓，目前将无船承运人这一概念纳入国家立法中的只有美国和我国。

3.5　承运人的服务

承运人包括与托运人签订运输合同的船舶所有人或租船人。①

海上货物运输合同是承运人收取运费并负责将托运人托运的货物经海路由一港运至另一港的合同，该合同适用于以提单或任何类似的物权凭证进行有关海上货物运输；在租船合同或根据租船合同所签发的提单或任何物权凭证成为约束承运人与凭证持有人之间的关系准则时，其也适用于海上货物运输合同。

水路货物运输的承运人种类很多，本节内容以提供国际航线的海运承运人和其服务为主。由于国际海运主要分为班轮运输和不定期船舶运输，以下重点讨论国际海运集装箱班轮运输的服务。

班轮运输（Liner Service）指按照以运行周期为依据编制的船期表上的挂离港日期组

① 见《统一提单的若干法律规定的国际公约》（1942 年 8 月 25 日颁布，1942 年 8 月 25 日实施）即《海牙公约》，第一条（a）。

织船舶运行，即定期、定港，其费率基本由船公司确定；不定期船舶（Tramping Service）运输指不定港、由船公司和委托人协商确定费率的运输，除固定的几个港口外，其余港口视货源情况决定挂靠与否，事先不能编制一定期间的船期表。

3.5.1 班轮运输形式

（1）班轮承运人和货主之间不签订租船合同，仅按船公司签发的提单（Bill of Lading，B/L）处理运输中有关问题[①]。

（2）发货人通常送货至承运人指定的码头仓库或堆场交货；收货人通常在承运人指定的码头仓库或堆场提货。

（3）班轮承运人负责包括装、卸货物及理舱在内的作业，并负责全部费用。

（4）班轮运输一般有固定港口、固定航线、固定开航时间，不计滞期费和/或速遣费，班轮运费相对稳定。

3.5.2 班轮航线构成

班轮的航线按运输对象、运行组织及航行线路等来划分。

（1）针对运输对象的班轮航线：随着集装箱运输的出现和发展，普通杂货航线基本被集装箱航线所取代。

（2）针对运行组织的班轮航线：不同于普通杂货航线通常采用的多港挂靠结构，集装箱航线则以干、支线结合为主。

（3）针对航行线路的班轮航线：按照往返式航线（也称“钟摆式”）运行，指以始发港和目的港为端点港往返运行的航线。[②]

班轮公司会定期在相关的船务公报、报纸或者网络上发布自己的船期信息[③]。对于发货人、收货人和货运代理来说，船期表是获取航运信息的重要渠道。

---

① 详见3.14关于提单一节内容。

② 见《国际物流管理认证教材》

③ 业内称作船期表，船期表样例见3.10.1。

3.6 船务代理公司的服务

关于船务代理公司的定义在单元一中已经讨论，这里主要讨论班轮运输船务代理和不定期船运输船务代理①两大类。

3.6.1 班轮运输船务代理

1. 船务总代理公司

船务总代理公司是指多个港口的操作委托一家代理公司办理。在班轮运输中，班轮公司在其船舶挂靠的港口委托总代理公司，凡班轮公司自行办理的业务都可通过授权，由总代理公司代办。

2. 订舱代理公司

班轮公司为使自己所经营的班轮运输能在载重和舱容上得到充分利用，力争做到满舱满载，因此会委托订舱代理公司争取货源。船公司和订舱代理公司呈现多对多状态，一家船公司可以委托多家订舱代理公司，反之亦然。

3.6.2 不定期船运输船务代理

1. 船东代理

受船东的委托，船东代理公司代办在港船舶有关的事项，诸如清关、安排拖轮、引航及装卸货物等业务。

2. 船舶经营人代理

作为期租承租人的船舶经营人，有权在装卸货港口指派代理人，为船舶经营人代办与在港船舶有关的业务。

3. 承租人提名代理

根据航次租约的规定，承租人有权提名代理人，船东可以委托由承租人所指定的代理人作为其所属船舶在港口的代理人，并支付代理费及港口的各种费用。此时，代理人除了要保护船东或船舶经营人的利益外，还要对承租人负责。

① 不定期船运输船务代理主要服务于从事散杂货运输的船东。

4. 船务管理代理公司

船务管理代理公司为船舶代办诸如船舶供给、修船、船员服务等业务，这些代理业务与船舶装卸货无关。

3.6.3 船务代理公司的主要服务内容

（1）通常为班轮制作船期公告；

（2）办理船舶进出港口的申报手续，联系安排船舶引航、泊位、扫洗舱、熏舱、修理、检验以及燃料、淡水、伙食、物料等的供应；

（3）代揽货载、代订舱位、联系安排货物装卸、监装监卸、理货、熏蒸、衡量、检验、整理、改装、驳运、储存、收发并洽办货物联运中转；

（4）办理集装箱相关事项，滚装船进出港口申报手续，联系安排集装箱拆装箱作业，车辆装卸，集装箱检验、修理、扫洗、储存以及洽办集装箱联运中转；

（5）办理期租船交接工作；

（6）代签提单和有关运输文件，签发货物和集装箱交接单证；

（7）管理船舶和集装箱以及集装箱的追踪；

（8）洽办货物理赔，处理船舶海事，联系海上救助；

（9）联系申请海员证，办理船员调换、遣返、就医、旅游及其他服务项目，代购代转船用产品、物料、邮件及船员信件；

（10）计算运费，代收代付运费及各类款项，办理船舶速遣费和滞期费的结算；

（11）办理委托人委办的其他事项。

3.7 货运代理服务

这里重点讨论货运代理公司及其服务。船务代理公司服务的对象主要是船公司，即承运人，而货运代理公司服务的主要对象是发货人和/或收货人。从事拼箱业务、无船承运人业务或者作为订舱代理的货运代理公司也对承运人提供服务。明确不同的代理和其服务对象是很重要的。

国际货运代理在公元10世纪就已经出现，初期为报关行，为货主代办一些国际贸易和运输事宜，后逐渐派生出一个行业，即国际货运代理。由于国际货运市场涉及货主、货运代理、船代、船东四大主体，分别协调港口、场、站、库等操作流程，所以国际货运代理是细分后的物流产物。如果取消货运代理，则会给国际货运市场带来混乱，所以货运代理行业这一传统的行业在今天的供应链管理过程中，仍然充当着一个不可或缺的物流服务角色。

第三方物流服务方作为委托方的“延伸的手臂”，目前的服务范围已经非常广泛。但是货运代理公司，特别是国际货运代理公司服务的对象基本与涉及运输的当事人有关，因其局限性，导致其服务与第三方物流公司为供应链上众多客户提供的服务不尽相同，但是其工作的特殊性和复杂性不言而喻。

3.7.1 服务范围

国际货运代理的英文名是“International Freight Forwarding”，国际货运代理人的英文是“International Forwarding Agent”或者“International Freight Forwarder”，实际工作中一般不做区分，简称国际货运代理或者货运代理。[①]

国际货运代理公司的服务范围包括组织、办理国际货物运输及相关的综合性业务，并提供国际货物流通领域的供应链管理、物流增值服务，包括但不限于揽货、订舱（含租船、包机、包板、包舱）、托运、配载、换单、缮制单证、仓储、分拨、中转、集装箱的拆装箱作业；海上货物运输、陆上货物运输、航空货物运输、管道运输、江河货物运输及相关的短途运输；国际多式联运、集运（含集装箱拼箱）、国际铁路联运、国际快递；报关报检、报验、保险；运费、杂费收付及结算；国际展品、私人物品及过境货物运输代理；物流服务以及包装、装卸、信息和咨询等。[②]

3.7.2 基本获利形式

（1）货币：人民币（本地费用）和外币（海运费等），如美元等。

（2）同行业：一级或者有能力的货运代理公司可以承揽大量货源以便以货量从承运人处获取低于市场价格的协议运费费率，然后加价出售。

（3）出口：在提供订舱以后的服务费用中获利。

① 中国国际货运代理协会编，《国际货物运输代理概论》，中国商务出版社 2014 年版。

② 中国国际货运代理协会编，《国际货运代理企业资质和等级》（20068440—T—322）。

（4）进口：在进口订舱委托服务和进口清关等杂费中获利。

（5）拼箱：出口业务在拼箱过程中以集货方式获利；进口业务在换单费和分拨业务中获利。

（6）提供其他临时委托的增值服务获利。

3.7.3 代表发货人（出口商/委托人）完成的工作

（1）审核委托内容，接受委托；

（2）帮助发货人选择运输路线、运输方式以及确定运费和承运人；

（3）为约定的船务代理公司或者船公司提供揽货、订舱服务；

（4）了解信用证条款和所有相关法律法规，并提供咨询；

（5）提取货物并签发有关单证；

（6）包装；

（7）储存；

（8）称重和量尺码；

（9）代办熏蒸；

（10）代办出口货物的报检报验；

（11）代办出口货物的报关；

（12）办理退关（如果发生）；

（13）代办保险（如果发生）；

（14）将办理完各种必要手续、海关放行的货物交给船公司；

（15）外汇交易；

（16）支付运费及其他费用；

（17）收取已签发的正本提单，并交给委托人；

（18）安排货物转运（如果发生）；

（19）通知收货人货物动态；

（20）记录货物灭失情况，协助货主理赔和索赔；

（21）流通领域的简单加工；

（22）咨询服务；

（23）其他延伸服务。

3.7.4 代表收货人（进口商/委托人）完成的工作

（1）审核委托内容，接受委托；

（2）在 FOB 贸易方式下，报告货物动态；

（3）接收和审核所有与运输有关的单据；

（4）办理与单证相关的手续；

（5）提货和交付到付运费；

（6）安排进口货物报检报验、报关

（7）代办缴纳进口完税及其他费用；

（8）提取进口货物或者物品；

（9）向收货人交付海关放行的货物；

（10）安排运输过程中货物的暂存、转运和/或转口；

（11）协助收货人储存或分拨货物；

（12）流通领域的简单加工；

（13）协助收货人向有关责任方进行索赔；

（14）其他延伸服务。

3.7.5 代办保险

保险单是保险人接受货物保险所出具的凭证。按 CIF[①] 成交时，卖方为买方办理保险并提供保险单。因此，发货人也会委托货运代理人代办保险。货运代理人在接受委托，代办保险时填写保单应根据 UCP600[②] 的规定，缮制保单并注意以下事项。

UCP600 指跟单信用证统一惯例

（1）如信用证无特殊规定，按照习惯，被保险人栏一般应填写受益人名称，并加空白背书，便于办理保险单转让。保险险别、保险金额的填写一定要与信用证规定相符。

（2）保险货物项目栏应填写商品的名称。该栏也可以填货物的统称，使用统称时标记可以仅填“As per Invoice No. ×××”。因为保险索赔时要求出具发票，这样填写可使两种单据互相参照，避免单单不符的错误。

---

① 见《国际贸易术语解释通则》3.4.2 相关内容。

② UCP600 指《跟单信用证统一惯例》。

保险单

（3）保险险别和保险金额与信用证规定一致。如果信用证对投保金额未做规定，投保金额须至少为货物的 CIF 或 CIP 价格的 110%，但允许不按这个比例而按双方商定的比例计算而成。保险单所表明的货币应与信用证所规定的货币相符。

（4）保险单的签发日期应当合理。除非表明保险责任最迟于货物装船或发运或接受监督之日起生效，否则银行将拒受出单日期迟于装船或发运或接受监督的保险单。因此，保险单上的签发日期，一般应早于提单日期或者与其相同，不得迟于提单日期。

（5）银行可以接受保险单代替预约保险项下的保险证明书或声明书（an insurance certificate or a declaration under an open cover），但暂保单（Cover Notes）将不被接受。①

3.8 海运运价构成

本节主要讨论海运运价（Ocean Freight）的构成，并非运价和/或运费的波动。海运运费主要由运费、杂费及附加费等构成。班轮运费是根据班轮公司的运价表计算的。目前，各国船公司所制定的运价表，其格式不尽相同，但其基本内容相近。

3.8.1 散货班轮基本运费

国际贸易中涉及的矿石、煤炭、粮食、化肥、钢材等大宗商品以及国内江河航线上的货物用散货船来装运，其他货物基本使用集装箱运输。散货的运费根据货物的等级、商品名称及尺码/吨按照不同航线的货量来收取。②

承运人承揽散杂货运输的运价表一般根据商品的不同种类和性质，以及装载和保管的难易程度而划分为若干个等级。在同一航线内，由于商品的等级不同，船公司收取的基本费率也不同。因此，商品的等级与运费的高低有很大关系。

其次，运费的计算标准也不尽相同，例如：

（1）拼箱货包括的重货一般按重量吨计收运费；

（2）拼箱货包括的轻浮货通常按照体积计算，按尺码吨计收运费③；

---

① 详见《国际货物运输代理概论》，中国国际货运代理协会，中国商务出版社 2014 年版。

② 集装箱班轮运费由此演化而来，散货班轮基本运费已经不再被使用，但是对于实务操作者来说仍需了解。

③ 海运拼箱运费中每立方米货物的重量小于 1 吨，按照一吨计收海运费，业内称作“运费吨”或者“尺码吨”；等于或者超过 1 吨时，则按照实际重量计收运费。

（3）通常承运人采用重量和体积择大计收的方法，称为按运费吨计收；

（4）有些价值高的商品按 FOB 货值的一定百分比计收；

（5）有的商品按混合办法计收，例如先按重量吨或尺码吨计收，然后再加若干从价运费；

（6）对于大宗商品，如粮食、矿石、煤炭等，因其运量较大、货价较低、容易装卸等，船公司为了争取货源，可以与发货人另行商定运价。

3.8.2 集装箱货物基本运费

集装箱运输以集装箱为单位计收运费，集装箱分为普通干货箱和特种集装箱。按照集装箱大小基本分为 20 英尺、40 英尺、40 英尺 H 和 45 英尺等，特种集装箱分为挂衣箱、平板箱、框架箱、冷冻箱、开顶箱等。①

3.8.3 海运费和附加费

海运费的构成，一般是“基本运费+附加费”。这些附加费用项目较多，主要根据商品、港口、油价或其他原因收取，并会随时变动而不预先告知。

附加费大致可以分为以下几种。

（1）因商品特点不同而增收的附加费，如超重附加费、超长附加费、洗舱费等。

（2）因港口的不同情况而增收的附加费，如港口附加费、港口拥挤费、选港费、直航附加费等。

（3）因其他原因而临时增加的附加费，如燃油附加费、旺季附加费和货币贬值附加费等。

附加费的名目繁多，远不止上述这几种。比如美国有 DDC（目的港交货费），自“9·11”事件之后，一些国家加收了“电子舱单系统费”②，如美国的 AMS③、欧洲的

① 详见 3.2.6 船舶集装箱类型一节相关内容。
② 业内也称作“反恐附加费”。
③ AMS（Automated Manifest System）。

各种海运附加费

ENS①、加拿大的 ACI②、日本的 AFR③ 等；日本还有 CAF④、YAS⑤、EBS⑥ 等，欧洲有 BAF⑦、CAF 等。与基本运费相比，附加费总额并不小，多可达运费的两倍，甚至更多，不同的航线、不同时期的附加费也不一样。发货人在计算运费时，切不可忽视承运人对附加费的收取。承运人或者货运代理也会以包干费（All-In）的形式提供运费，那样对发货人来说比较简单。但是，发货人要尽量了解包干费涉及的具体内容，因为有些费用很可能不在此列。

3.9 当事人委托作业流程

水路货物运输涉及的主要方面包括进出口、过境等作业，本节主要讨论发货人、收货人以及货运代理的进出口作业流程。⑧

3.9.1 出口作业

1. 发货人的出口委托流程

发货人/出口商在办理出口海运委托的时候一定要谨慎选择货运代理人，好的货运代理人除了可以提供良好的服务之外，还可以帮助发货人规避风险。发货人的出口委托流程如图 3-3 所示。

① ENS（Entry Notification of Summary）。
② ACI（Advance Commercial Information）。
③ AFR（Advance Filing Rules）。
④ CAF（Currency Adjustment Factor）。
⑤ YAS（Yard Surchanges）。
⑥ EBS（Emerent Bunker Surchanges）。
⑦ BAF（Bunker Adjustment Factor）。
⑧ 发货人和收货人对货运代理的选择可以参考 3.7 货运代理的服务相关内容。

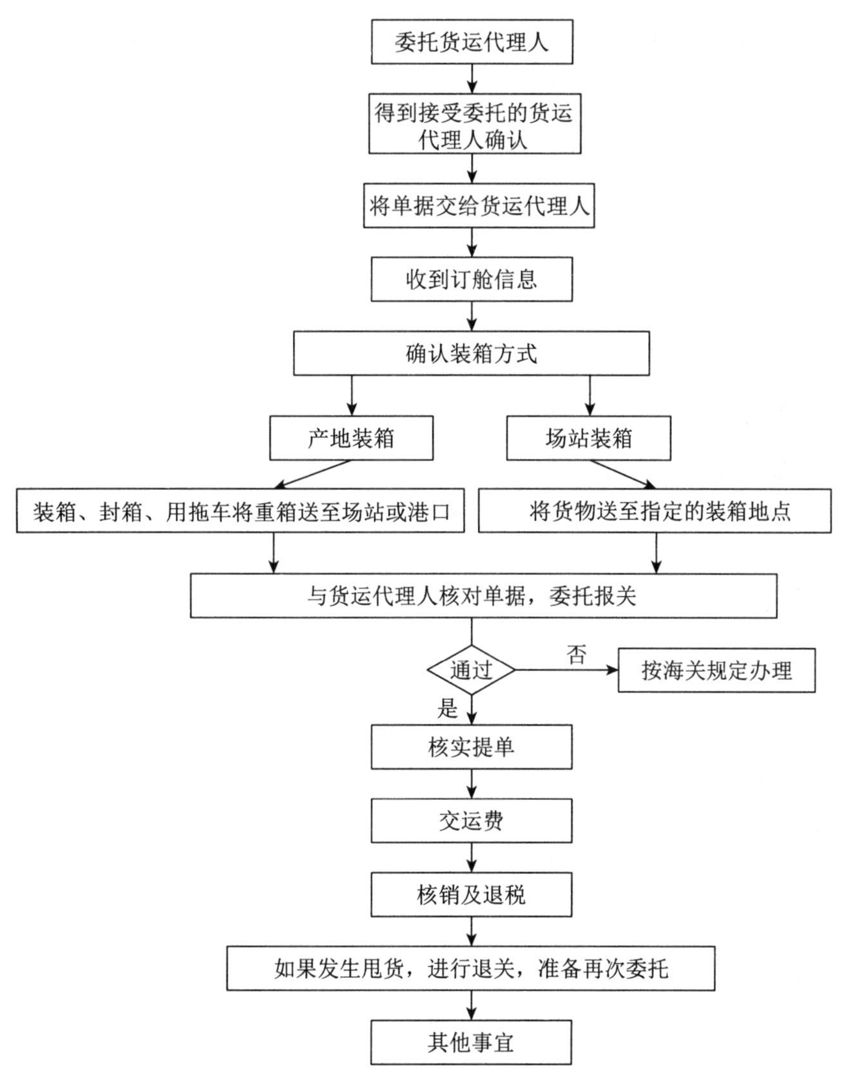

图 3-3 发货人的出口委托流程

发货人的出口委托流程如下。

出口委托书

（1）发货人确定合适的货运代理人之后，要缮制出口委托书，对其进行委托。

（2）将委托书交给该货运代理人，得到接受委托的确认。

（3）发货人将全套单据备妥后，尽快交给货运代理人，并委托货运代理人报检、报验、报关。

（4）收到货运代理人发来的订舱信息后要仔细审查船名、航次、提单号、预计开航日、集港日、结关日及该货运代理的港口办事处联系方式等。

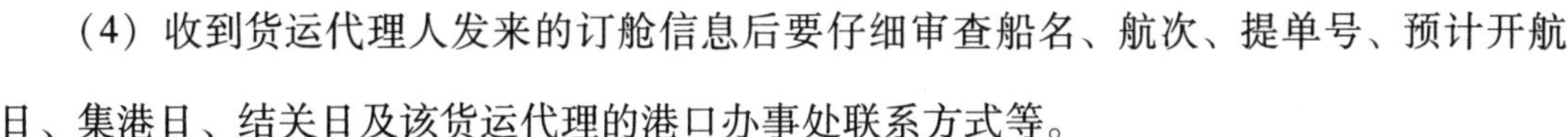

（5）与货运代理人确认装箱方式。产装（产地装箱）① 时，货运代理人的拖车把空集装箱送到指定地点，发货人装箱、封箱，然后用拖车将重箱送至场站或者港口；场站装箱

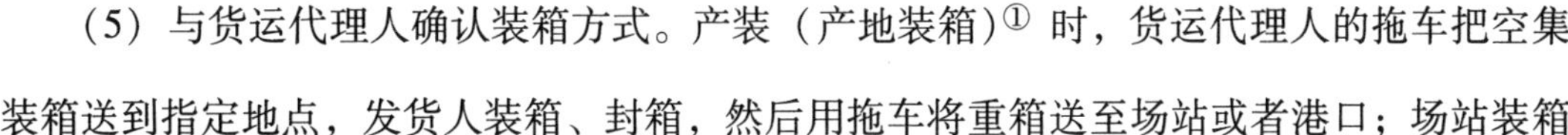

① 有些地方业内也称作“外装”，将 CFS 装箱称作“内装”。

时，发货人根据送货通知的地址将委托的出口货物送至指定的装箱地点。

(6) 与货运代理人核对单据，确认无误，可以委托报关（最晚在结关日前2天），也可以委托报关行报关。海关放行后，货运代理人可以代为缮制单证。

(7) 如果海关没有放行，则按照海关规定办理。

(8) 开船前发货人需要再次核实货运代理人缮制的提单内容，这点很重要，因为开船后有些数据的更改极为困难。

(9) 若为预付运费的情况，则开船后需交运费（一般通过货运代理人代缴），换取全套正本提单。如有账期，按照账期转账，若为到付运费的情况，则可直接取得全套提单。

(10) 出口操作后，完成核销及退税。

(11) 如果发生货物没有及时装船的甩货情况，要及时和货运代理人联系，进行退关并准备再次委托。

(12) 其他事宜。[①]

2. 货运代理出口作业流程

货运代理出口作业流程如图 3-4 所示。

货运代理出口作业流程如下。

(1) 接受委托人（发货人或者其代理人）委托，要求委托人提供信息。发货人（公司名称、电话、地址、电邮、传真等）、收货人（同发货人）、通知人（同发货人）、指定船公司（如果有）、装运港口（可以选择港口）、目的港口、转船运输（如果有）、分批装运（如果有）、运费付费方式、委托方联系人（姓名、电话、地址、电邮、传真等）、唛头标记、货物描述、总件数、总毛重、总尺码、箱型、箱量等。

(2) 审单，确定接受发货人委托；如果发现问题，需要联系委托人予以解决。

(3) 将以上信息以及船公司指定的提单号（按票计）录入电脑系统。

(4) 将电脑系统生成的报文发至船公司，等待确认（某些船公司不需要报文）。

(5) 船公司确认后，可以在网上查询所放舱位等信息，获取提箱单。

(6) 与发货人确认产地装箱还是 CFS 装箱。

(7) 向堆场或车队发送提箱单、集港通知、到货时间或者产地装箱的时间地点等信息。

① 各地的流程大同小异，这里的流程供参考使用。

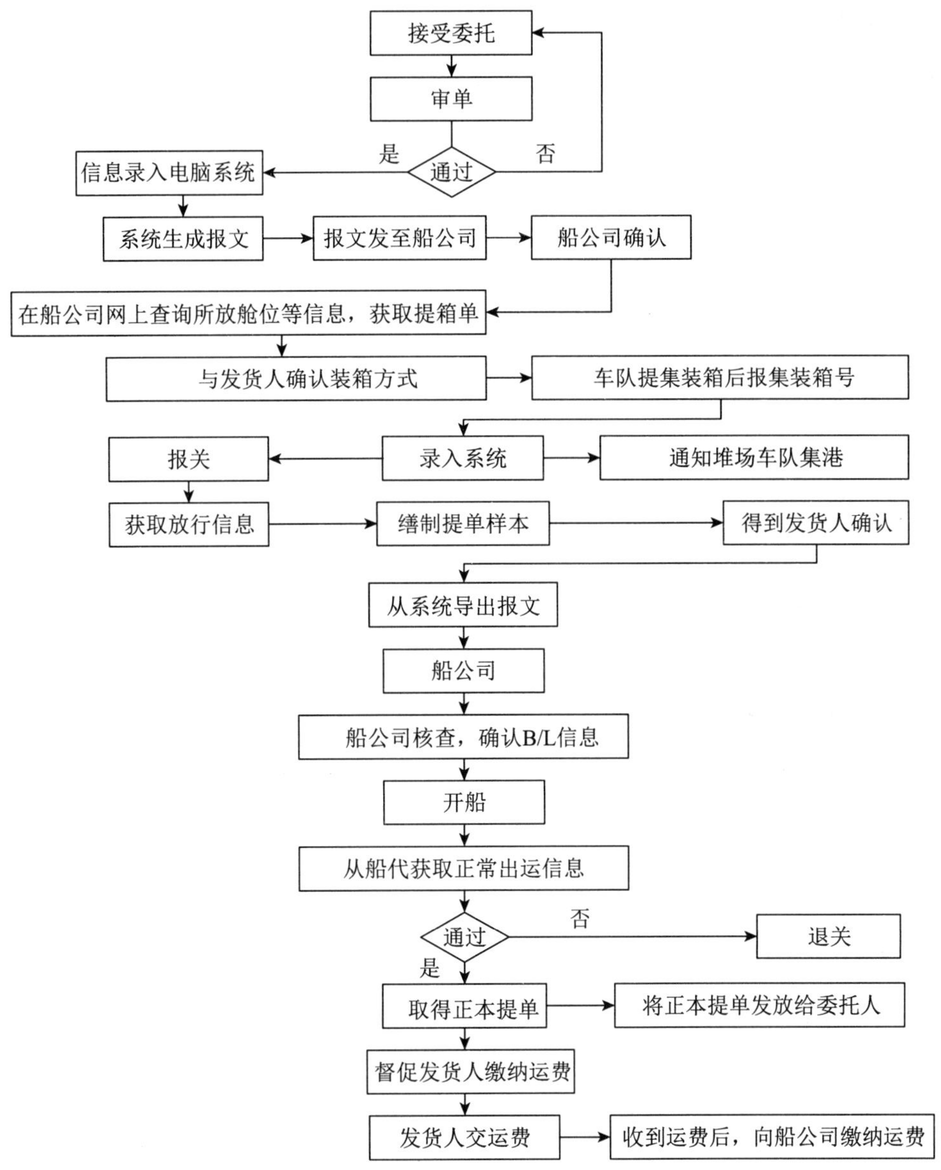

图 3-4　货运代理出口作业流程

（8）通知车队提集装箱，提到集装箱之后，车队要报集装箱号。

（9）收到车队在堆场提集装箱后报来的集装箱号。

（10）将所获得的信息录入电脑系统，并报检、报验、报关；缮制提单样本；将提单样本反馈给发货人，并让其确认内容。此时更改提单较容易，此后更改提单内容将非常麻烦。

（11）从系统导出报文，发至船公司。

（12）结关后，船公司核查的信息包括集装箱是否全部完成集港以及是否全部得到海关放行许可等。

（13）因无法装船，需要安排退关的情况：一票提箱单内的集装箱没有全部送达港口、海关没有全部放行时，该提箱单项下的所有集装箱均不得装船。

（14）开船。

（15）通过电脑系统从船代处获得正常出运信息。如果没有正常装船，要对没有装船的货物进行退关、重新订舱或者办理转船等。

（16）取得正本提单。

（17）督促发货人缴纳运费（可能会有账期），向船公司缴纳预付运费（可能会有账期）。

（18）将正本提单交给发货人。

（19）其他待办事宜。

3.9.2 进口作业

1. 收货人的进口委托流程

收货人的进口委托流程如图 3-5 所示。

收货人的进口委托流程如下。

（1）对进口代理业务进行委托。

（2）货运代理人接受委托之后，收货人将进口全套单证交给该货运代理人，包括带背书的正本提单或电放副本、装箱单、发票、合同（一般贸易）和报关、报检委托书等相关单证。

（3）要求货运代理人提供船舶到港时间，如需转船，则确认二程船名。

（4）要求货运代理人确认换单费（如需换单）及其他提箱费用，并将此费用转账给货运代理人由其代缴。

（5）要求货运代理人确认此票货属于一般检验还是法定检验。如果要法定检验，应同意货运代理人将集装箱拖运到指定地点做检验，如果法检没通过，则按照海关规定处理。

（6）货运代理人报关，要求货运代理人确认进口关税和增值税，并将该费用交给货运代理人，由其代缴。

（7）一次可以提清所有进口货物/集装箱，则凭海关放行的提货单（D/O）提货；如果一次无法全部提清，则需要在仓库换放行卡，凭此逐次提货。

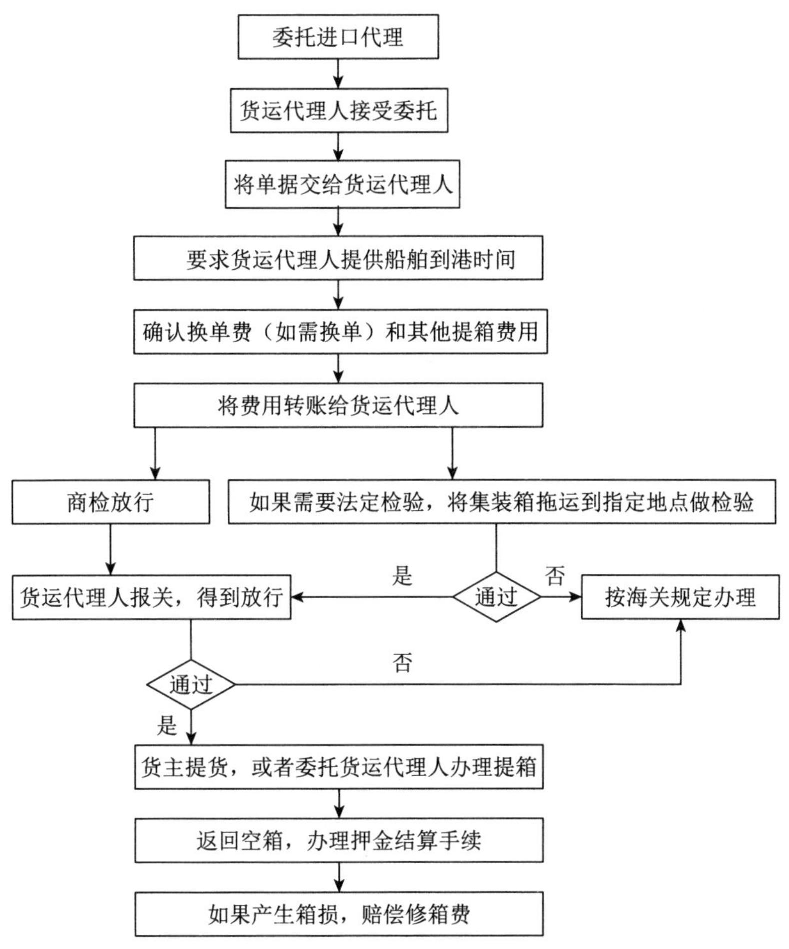

图 3-5　收货人的进口委托流程

（8）可以自提，提箱之前要缴纳提箱押金或者交由货运代理人由其指定车队到码头或者堆场办理提箱。

（9）拆空集装箱的进口货物后便可在箱站办理提货，整箱货可以由收货人安排拖车或者交给货运代理人办理拖运，将重箱运至本地仓库后拆箱，然后将空箱返回。

（10）空箱返回指定堆场后，要及时凭押款凭证到船公司的箱管部办理集装箱的押金结算手续。

（11）如果产生箱损，还要赔偿相应的集装箱修箱费，此业务可以委托货运代理人办理。

建议：能够委托货运代理人办理的业务尽量委托其办理，这样收货人只需把费用核实、妥当控制风险即可，可以节省很多精力和时间。

2. 货运代理进口作业流程

货运代理进口作业流程如图 3-6 所示。

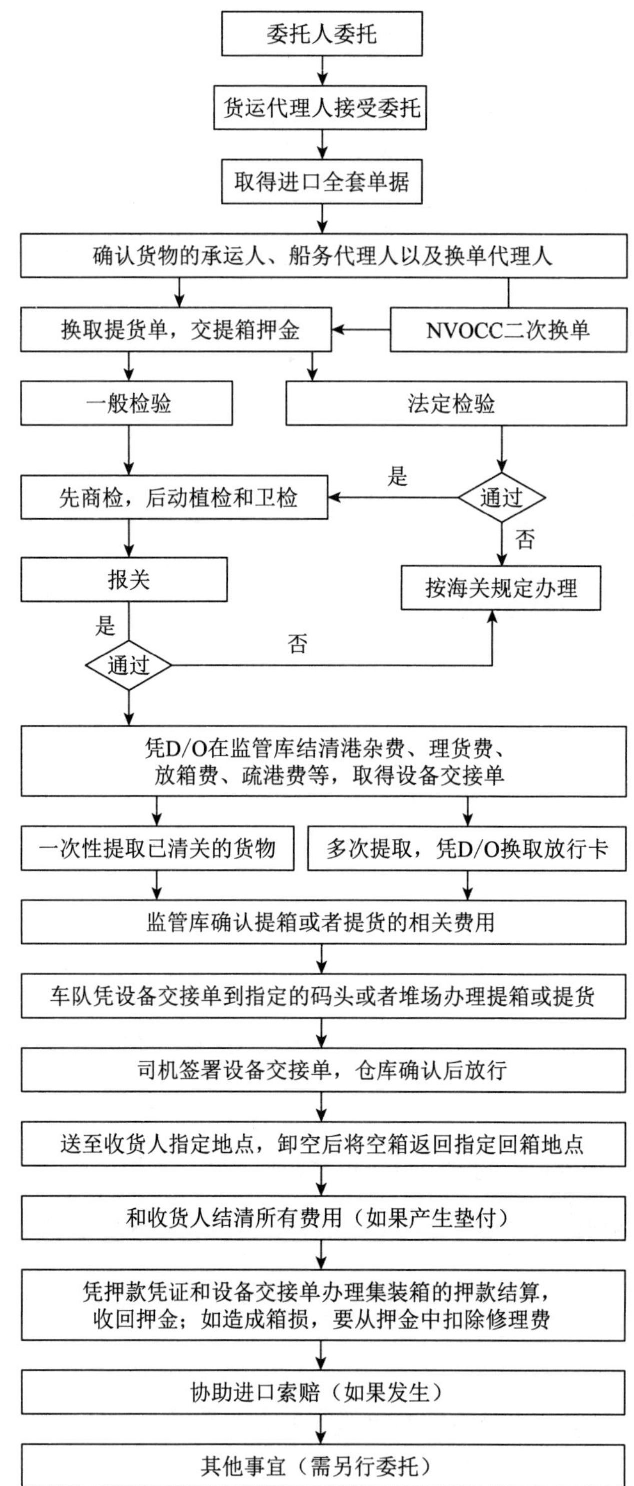

图 3-6　货运代理进口作业流程

货运代理进口作业流程如下。

（1）审核委托文件，货运代理人接受委托。

（2）从收货人处取得进口全套单据。

（3）根据提单上的信息确认货物的承运人、船务代理人以及换单代理人。

（4）凭已背书的正本提单（如果电放，可带电放传真件与正本保函）在船务代理人或换单代理人处换取提货单（D/O），同时交提箱押金；如果是货运代理提单（NVOCC 提单），则需要二次换单，需交换单费。换单后，重复以上操作。

（5）根据商品编码中的监管条件，确认此票货属于一般检验还是法定检验。

（6）凭 D/O 向进口口岸的检验部门申报，先申请商检，再申请动植检和卫检（涉及木质包装），网上取得检验放行的许可。

（7）检验放行之后，安排报关。收货人通过 EDI（电子数据交换）缴纳关税和增值税。

（8）清关后，凭 D/O 在监管库结清港杂费、理货费、放箱费、疏港费等，提取已清关的货物。一次可以提走的整箱货凭 D/O 一次提清，无法一次提清全部放行的集装箱或者是拼箱货，则需要在监管库凭 D/O 换取放行卡，之后凭放行卡逐次提取。提货前需要取得设备交接单。

（9）提前和监管库确认提箱或者提货的相关费用，包括提箱费、掏箱费、装车费、回空费等，然后通知收货人。

（10）将设备交接单交由拖车队到指定的码头或者堆场办理提箱或提货，司机提箱后在设备交接单填写集装箱现况，经仓库确认后放行。

（11）收货人取得进口货物后，将空箱（也可以委托货运代理人）送回指定的回箱地点。

（12）空箱返回指定回箱地点，要及时凭押款凭证和设备交接单到箱管部办理集装箱的押款结算手续，收回押金。如果将集装箱和设备交接单进行比对后产生了箱损，堆场（CY）会从押金中扣除相应的集装箱修理费。

（13）和收货人结清所有费用（如果产生垫付）。

（14）协助进口索赔（如果发生）。

（15）其他事宜。

一个好的货运代理人应该具有处理以上各项业务的议价能力、操作能力和沟通能力，以便为委托人提供良好的服务。

3.10 海运询价须知

作为从事与海运相关的从业人员，无论是从事国际贸易承接海洋运输需求，抑或是从事货运代理行业接受海运委托，抑或是需要了解海运费的人员，都可以向船务代理人询问运费，也可以从船期表获取相关信息。

3.10.1 读懂船期表

读懂船期表内容才可以获得所需要的大量航运信息。船期表举例如图 3－7。

从图 3－7 可以找到以下信息。

（1）所有到达目的港的航次都是由干支线联合完成运输过程的。

（2）航次号后面的字母一般表示该船航行的方向（South Bound，SB）。

南美邮船公司 2002.8 船期表

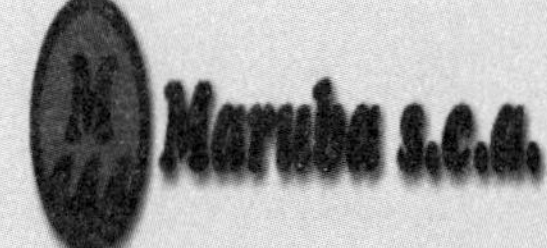

Clan S.A

MONTHLY SCHEDULE AUGUST 2002

厦门－香港（每周日）

VSL 船名	VOY 航次	CY CLOSE 码头截载	ETD XMN 离厦门(周日)	2ND LEG VESSEL 二程船	VOY 航次	ETD HKG 离香港	ETA 到港 Busan 釜山	Vancouver 温哥华	Manzanillo 曼萨尼约	Puerto Quetzal 圣何塞	Acajutla 阿卡胡特拉	Corinto 科林托	Puerto Caldera 卡尔德拉	Buenaventura 布宜那文图拉	Callao 卡亚俄	Iquique 伊基克	Antofagasta 安托法加斯塔	San Antonio 圣安东尼奥
MIN TAI NO.4	2123S	周四上午10:30外代截单，周五上午11:00海关截投单，周六17:30海天码头截箱	8月4日	DONATA SCHULTE	213E	8月9日	8月15日	8月28日	9月2日	9月5日	—	9月6日	—	—	9月10日	9月14日	9月15日	9月18日
	2127S		8月11日	COMANCHE	214E	8月16日	8月22日	9月3日	9月9日	9月12日	—	—	9月14日	9月16日	9月19日	9月23日	—	9月26日
	2127S		8月11日	MARUBA TRADER	0207SB	8月20日	8月24日	—	—	9月12日	9月13日	—	—	—	9月18日	—	—	9月22日
	2131S		8月18日	CENTURION	215E	8月25日	9月2日	9月10日	9月16日	9月19日	—	9月20日	—	—	9月24日	9月28日	9月30日	10月2日
	2135S		8月25日	EARTH BANK	0208SB	8月30日	9月3日	—	—	9月24日	9月25日	—	—	9月30日	10月4日	10月7日	—	10月10日
	2135S		8月25日	CHEROKEE	216E	8月30日	9月5日	9月17日	9月23日	9月26日	—	—	—	9月30日	10月3日	10月7日	—	10月10日
	2139S		9月1日	COLUMBUS CHILE	217E	9月6日	9月12日	9月24日	9月27日	10月3日	—	10月4日	—	—	10月8日	10月12日	10月14日	10月16日
	2143S		9月8日	CCNI ANTARTICO	218E	9月13日	9月19日	10月1日	10月7日	10月10日	—	—	10月12日	10月14日	10月17日	10月21日	—	10月24日
	2143S		9月8日	VALERIA	0209SB	9月15日	9月19日	—	—	10月10日	10月11日	—	—	—	10月16日	—	—	10月20日

图 3－7 船期表

（3）码头截载（Cy Close）表示该码头可以接受该航次的货物装船最后期限。

（4）外代截单表示该船代是外轮代理公司且该公司对相关航次可以接受订舱委托的最后期限。

（5）海关截投单表示海关对相关航次可以接受报关的最后期限。

（6）海天码头截箱表示船舶停靠码头名为海天码头且该码头停止接受集装箱集港、准备装船的最后期限。

（7）ETA（Estimated Time of Arrival），表示该航次的预抵期。

（8）ETD（Estimated Time of Departure），表示该航次的预离期。

（9）空格表示该航次不挂靠的港口。

从该船期表上可以发现该航次的几乎所有信息都已经明示。船务代理公司的相关工作人员及其联系方式会列在表的下方，以备索取。如果手头没有船期表，或者船期表上没有找到所需要的信息，可以直接向该船公司的代理人询问。

3.10.2 询价注意事项

下面罗列出应该提出的部分问题，以供询价时参考：

（1）该船东是否可以提供到达指定的目的港的海运服务；

（2）海运费（按照不同的集装箱提供）、附加费以及可能的其他费用；

（3）是直航船还是中转船，在哪里中转；

（4）预计可到达指定的目的港的天数，即预抵期，有的船期表上可以查到；

（5）适合订舱的航次；

（6）该航次挂靠什么码头；

（7）该航次舱位是否紧张，是否可以保证获得舱位；

（8）在出提单时，是否有必须提供的资料；

（9）在委托方有要求时，目的港的集装箱免费使用期限；

（10）是否可以保证按期获得舱位；

（11）可否提供冷藏集装箱；

（12）可否接受危险品（委托人需要提供危险品说明书）；

（13）是否可以接受特种/超重集装箱；

（14）其他。

3.11 报检和报关

进出境的货物一般要经过报检（商品检验、动植物检疫和卫生检疫）和报关环节进行清关，原来简称“一关三检”。目前简化了手续，基本不存在这种说法[①,②]。

在顺序上，货物的清关一般需要“先报检，后报关”。只要列入《出入境检验检疫机构实施检验检疫的进出境商品目录》（简称《法检商品目录》）的进出境货物，未取得检验检疫放行单证的货物，海关不接受其报关请求，不准通关过境。

海关在进出境监管环节主要审查“单”“证”和“货”三要素。对于单证要达到“单单相符”和“单证相符”，对于货物要达到“单货相符”和“证货相符”方可确认该批货物是否为合法进出境。[③]

3.11.1 术语概念

了解术语是从事报检和报关工作的基本知识。

（1）海关：依据本国（或地区）的法律、行政法规对出入国境的一切商品和物品进行监督、检查并照章征收关税的国家机关。

（2）报关企业：指经海关准予注册登记，接受进出口货物收/发货人的委托，以进出口货物收/发货人名义或者以自己的名义，向海关办理代理报关业务，从事报关服务的境内企业法人。

（3）关境：关境亦称“税境”“海关境域”“关税境域”或“关税领域”，指一国海关法规可以全面实施的领域，关境即国境。但是，在设有自由区、自由港、保税区的国家，这些自由港、自由区及保税区不属于该国的关境范围，这部分地区被称为“关境以外的本国领土”。此时，关境小于国境。相反，在缔结关税同盟的国家之间，相互不征收进

① 唐超平，《进出境货物报关实务》第2版，对外经济贸易大学出版社2015年版。

② 1999年，全国各地的进出口商品检验局、动植物检疫局、卫生检疫局陆续合并，成立各地出入境检验检疫局，2001年，原出入境检验检疫局和原质量技术监督局合并组建中华人民共和国国家质量监督检验检疫总局，简称国家质检总局，为国务院直属机构，主管全国质量、计量、出入境商品检验、出入境卫生检疫、出入境动植物检疫、进出口食品安全和认证认可、标准化等工作，并行使行政执法职能。2018年，将国家质检总局的职责整合，组建国家市场监督管理总局，将国家质检总局的出入境检验检疫管理职责和队伍划入海关总署，将国家质检总局的原产地地理标志管理职责整合，重新组建中华人民共和国国家知识产权局，不再保留国家质检总局。

③ 唐超平，《进出境货物报关实务》第2版，对外经济贸易大学出版社2015年版。

出境货物的关税，关境包括了几个缔约国的领土，所包括的这一地区被称为“关境以内的外国领土”，此时，关境则大于国境，如欧盟。

（4）申报：指进出口货物收/发货人或者接受委托的报关企业，依照《海关法》及相关法规的要求，在规定的期限和地点，采用电子数据报关单和纸质报关单形式，向海关报告实际进出口货物的情况，并且接受海关审核的行为。

（5）商品检验：指商品品质检验，申请货物检验一般称作报验。

（6）动植检：指动物和/或植物检疫，申请货物检疫一般称作报检。

（7）卫生检疫：指对进出境人员和/或物品是否携带传染性疾病的检疫。

（8）报关：指进出境当事人，如运输工具负责人、货物的收/发货人、物品所有人或其代理人向海关办理进出境申报手续或相关事务的过程。

（9）通关：比报关范围要大，不仅包括报关，还包括海关对进出境运输工具、货物、物品进行监督管理，还包括核准其进出境的全过程。

（10）清关：指一票进出境货物全部办结了报关报检手续且已经给予放行。

（11）申报日期：指申报数据被海关接受的日期。

（12）放行：结束并脱离海关监管场所的现场监管称作放行。

（13）结关：办结所有的海关手续，海关不再监管称作结关。

3.11.2 报关的基本内容

涉及报关的品类很多，主要包括进出境运输工具、进出境货物、进出境物品等，列举如下。

舱单样本

1. 进出境运输工具的报关

运输工具有很多种类，典型的运输工具如集装箱、船舶等。由运输工具的负责人或代理人以舱单（原始舱单、预配舱单和装载舱单[①]）的形式申报，目前已经基本实现电子申报。申报内容如下。

（1）进境申报：在进境货物、物品运抵目的港前，承运人向海关发送原始舱单数据。

（2）出境申报：在发货人办理货物、物品的海关出口申报手续前，承运人向海关发送预配舱单电子数据。

① 原始舱单是记录最初的所有信息的舱单；预配仓单是在出现紧急修改的情况下，临时拟定的舱单；装载仓单是实际货物装船的舱单。舱单格式基本相同。

（3）申报内容包括货物数量、装卸时间、国际运输的证明文件等。

2. 进出境货物的报关

由报关企业在网上向海关申报，申报内容如下。

（1）进出境申报，包括申领证件、制单、发送电子报关数据等。

（2）配合查验。

（3）缴纳税费。

（4）提取或转运货物。

3. 进出境物品的报关

进出境行李物品、邮递物品，以自用、合理数量为限，申报内容如下。

（1）行李物品的报关。根据“红绿通道”规定，除了按海关规定免验的人员，进出境的旅客都需要填写《申报单》。在申报事宜栏中选择“否”的进出境旅客，可以选择绿色通道通关；否则应填写所携带物品的详情，并选择红色通道通关，海关按规定放行。

万国邮政公约

（2）邮递物品的报关：根据《万国邮政公约》的规定，进出口邮件必须由寄件人填写报税单，列明物品的详细情况，向邮包寄达国家的海关申报，并通过邮政企业或快递公司呈递海关。

（3）其他进出境物品的报关：包括暂时免税的进出境物品和享有外交豁免权的外国机构或人员的进出境物品。

对于进出境运输工具和进出境物品本模块未做讨论。本模块侧重讨论进出境货物的报关实务。

中华人民共和国海关法

3.11.3 海关的任务

根据《中华人民共和国海关法》（简称《海关法》），海关的主要职责有四项。

（1）监管：进出境监管是海关全部行政执法活动的统称，依照《海关法》规定，海关对进出境运输工具、货物、行李物品、邮递物品和其他物品进行监管。

（2）征税：海关代表国家征收关税和其他税，如关税、增值税/消费税[①]，海关税收是国家财政收入的重要来源，也是国家实施宏观调控的重要工具。

（3）缉私：法律规定海关是查缉走私的主管部门。中国海关为维护国民经济安全和对

① 增值税/消费税又称进口环节税。

外贸易秩序，对走私犯罪行为给予坚决打击。

（4）统计：《海关法》规定，编制海关统计是中国海关的一项重要业务。海关统计是国家进出口货物贸易统计，负责对进出中国关境的货物进行统计调查和分析，科学、准确地反映对外贸易的运行态势，实施有效的统计监督。

3.11.4　报关企业的行为规则

报关企业必须承担法律责任，其提供报关服务时应当履行的义务如下。

（1）不得以任何形式出让其名义供他人报关。

（2）建立账簿和营业记录等档案，完整保留各种单证、票据、函电以备查。

（3）代理报关必须有委托人签署的《代理报关委托书》并提交海关正本原件。

（4）对委托人提供情况的真实性、完整性合理审查。

（5）配合海关监管工作，不得违法滥用报关权。

（6）协助海关对涉及走私违规事件进行调查。

代理报关委托书

3.11.5　货物分类通关基本方式

海关以企业守法管理为核心，对 AEO 认证[①]诚信企业低风险报关单或货物通过计算机快速验放；对高风险报关单或货物实施重点审核和布控查验，方式如下。

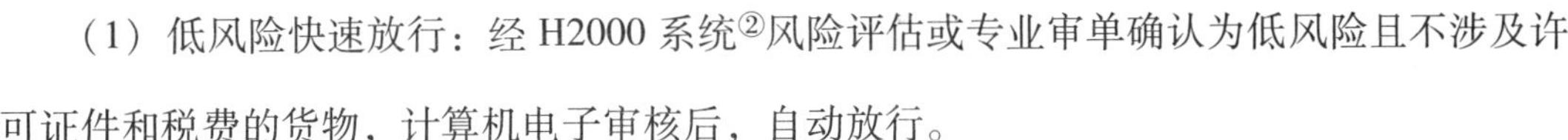

（1）低风险快速放行：经 H2000 系统[②]风险评估或专业审单确认为低风险且不涉及许可证件和税费的货物，计算机电子审核后，自动放行。

（2）低风险单证审核：经 H2000 系统风险评估或专业审单确认为低风险，但涉及许可证件和税费的货物，需现场交单，由现场关员接单审核，完成许可证核注、税费征收及放行作业。

（3）高风险重点审核：经 H2000 系统风险评估或专业审单确认为高风险的货物，在现场接单，海关查验岗位关员对报关单及附件重点审核或者选择对高风险货物布控查验。

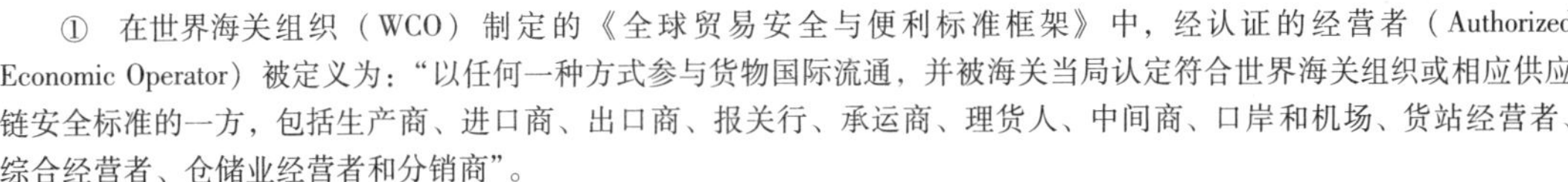

① 在世界海关组织（WCO）制定的《全球贸易安全与便利标准框架》中，经认证的经营者（Authorized Economic Operator）被定义为：“以任何一种方式参与货物国际流通，并被海关当局认定符合世界海关组织或相应供应链安全标准的一方，包括生产商、进口商、出口商、报关行、承运商、理货人、中间商、口岸和机场、货站经营者、综合经营者、仓储业经营者和分销商”。

② H2000 通关系统是海关信息化建设的核心工程。通过该系统，海关建立起全国集中式的业务数据库用于统一存放各地海关的各项业务数据，并可随时调用相关数据，使企业在办理各种跨关区进出口业务时享受相关工作便利。

3.11.6 无纸化通关

《海关法》规定："办理进出口货物的海关申报手续，应当采用纸质报关单和电子数据报关单形式。"

电子数据报关称作无纸化通关，该方式已经推广到我国大多数口岸执行，未来海关将全面实行无纸化通关。实行无纸化通关的企业直接在 QP 系统①录入报关单后上传随附的发票、箱单、提单扫描件以便申报发送。省略了向海关现场提交验纸质单据的操作，但是海关另行要求提交的除外。

QP 系统操作界面样本如图 3-8 所示。

3.11.7 一般进出口货物的报关

一般进出口货物是指进出境时向海关申报缴税、交证、放行后，海关不再对其监管的货物。是否进出口和海关放行后是否结关是识别一般进出口货物的关键。

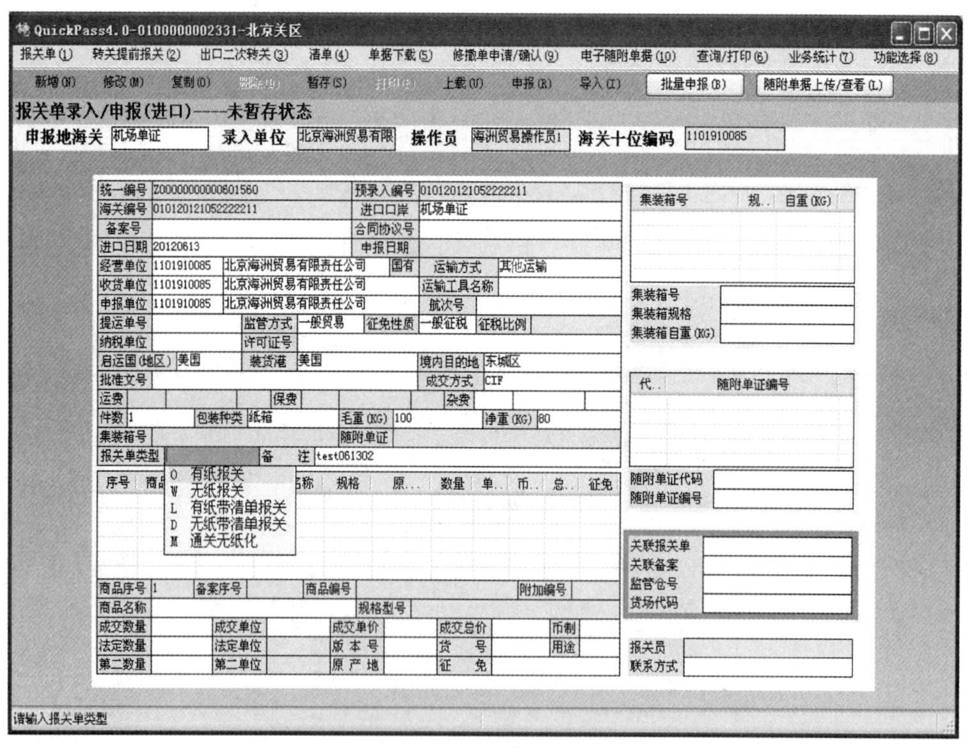

图 3-8 QP 系统操作界面样本

① 我国海关的 QP 系统，全称为中国电子口岸闪付（Quick Pass）系统，通过 QP 系统输入的报关单叫 QP 报关单。

1. 进出境申报

电子数据报关形式是指进出口货物的收发货人、受委托的报关企业按照《中华人民共和国海关进出口货物报关单填制规范》的要求通过计算机系统向海关传送报关单电子数据，并且备齐随附的单证。

2. 申报地点

原则上在海关进出境地办理进出口申报手续。但是，经进出境地海关同意也可以转关。保税货物、特定减免税货物以及暂准进出境货物转为实际进出口货物时，应向货物所在地海关申报。

3.11.8 报关企业的报关流程

本节讨论报关企业进出口报关和过境申报流程。

1. 报关企业出口报检报关

目前，纸质报关单是指进出口货物的收/发货人、受委托的报关企业按照海关的规定填制纸质报关单，并且备齐随附单证，向海关递交的申报方式。

电子数据报关单与纸质报关单的各项数据都必须一致，两种报关单据具有同等法律效力。

报关企业出口报检报关流程如图 3-9 所示。

报关企业出口报检报关流程如下。

(1) 接受客户委托，负责联系办理与商检相关的工作，检查报检单据是否齐全。

(2) 确认该票出口货物已经进入海关监管仓库，取得船公司的预配舱单和监管库的运抵舱单，否则，在网上查不到任何该票货物的线索。

中华人民共和国海关进出口货物报关单填制规范

(3) 审查所有原始报关单据，包括报检放行单据，必须确保单证齐全、有效、合法、准确、完整；检查报关货物的预配舱单及运抵信息是否与报关单的信息相符，包括船名、航次、提单号、品名、大件数、毛重、箱号等。

(4) 检查报关单与原始单据的相关信息是否相符，包括合同号（见合同），运抵国（见合同），成交方式（见发票或合同），件数、毛重、净重（见箱单），总价和币值（见发票），报关单上的境内货源地与委托书内容是否一致（见委托书），报关单上的出口口岸与委托书内容是否一致（见委托书），对于有许可证要求的，要检查许可证号是否与报

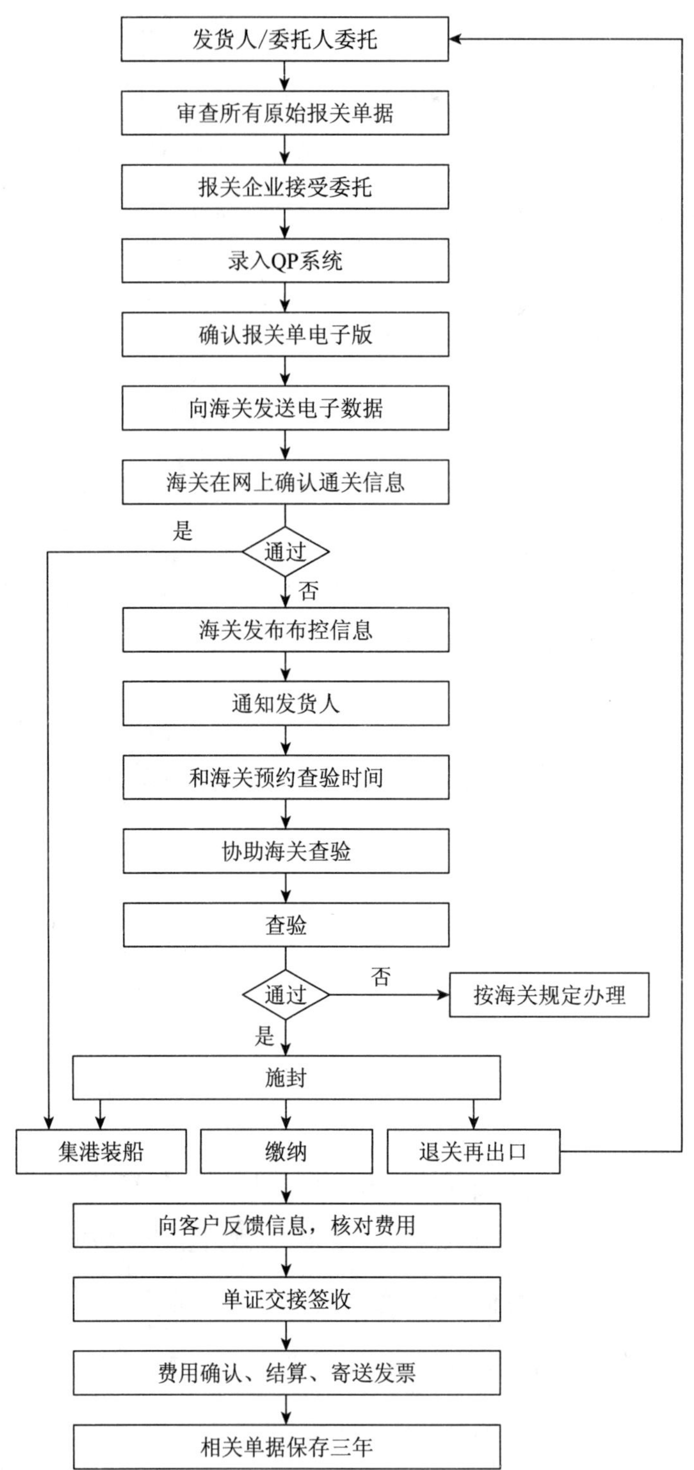

图 3-9　报关企业出口报检报关流程

关单内容一致，对于有商检通关单的，要检查通关单号是否与报关单内容一致。

（5）及时准确地将审核过的信息（如船舶动态、集港时间等）按照顺序录入 QP 系统，打印出草单。

（6）与客户确认报关单电子版后，通过 QP 系统向海关发送电子数据。

（7）海关会在网上确认通关信息，要及时查看通关进展状态信息。

（8）如遇海关验货应及时通知货主。

（9）确定查验后，海关会在相关网上发布布控信息，该信息没有任何浏览限制①，并通知发货人。

（10）和海关预约查验时间。

（11）将需查验的货物从监管仓库调运至海关查验中心，届时监管库人员和报关员会到场协助海关查验。

（12）若验货后放行，则要注意验货后的施封是否涉及箱属船公司有使用该船公司自己的集装箱铅封的特殊要求；若验货后没有放行，则按照海关规定处理。

（13）施封后，该票货物可以直接集港装船，需要让发货人或者其代理人提供设备交接单（即集港黄联），以便办理集港缴费。

（14）验货后需要做更改、转船和退关删单的，需要让发货人或者其代理人提供设备交接单（即集港黄联），以便办理缴纳相关费用，如短途运费等。

（15）对于需要交纳税款的货物，货主需要在海关签取税单，并且在网上缴纳税款之后，要及时到海关办理核税放行手续。

（16）如果退关，则办理退关的更改手续，及时催索海关应退回的报关单证，如许可证、商检证等；对接单未放行的报关单，报关员凭报关单到海关现场办理放行手续；退关后再出口的，应该重新办理。

（17）如果需要转船，在接到客户转船通知后，应备齐单据交给海关或港口处办理转船手续，并委托相关人员代缴纳港口转船费用。

（18）如果是散货出口，需要将下货纸交现场人员后递交码头。

（19）将所查验货物是否放行的信息及时反馈给客户。

（20）验货放行后负责与货主核对相关费用。

（21）做好各种单证的交接签收工作，寄送的单据要有寄送单，一式两份，一份交用户，一份留底，并将寄送快递单号写在留底上，以备日后查找。

（22）客户的费用确认、结算、寄送发票工作。

① 天津海关的查验信息发布在国际物流网上。

(23) 将客户提供的报关单据（发票、装箱单、合同、报关委托书）以及来往的相关联系资料保存三年。[①]

2. 报关企业进口报检报关

报关企业进口报检报关流程如图 3-10 所示。

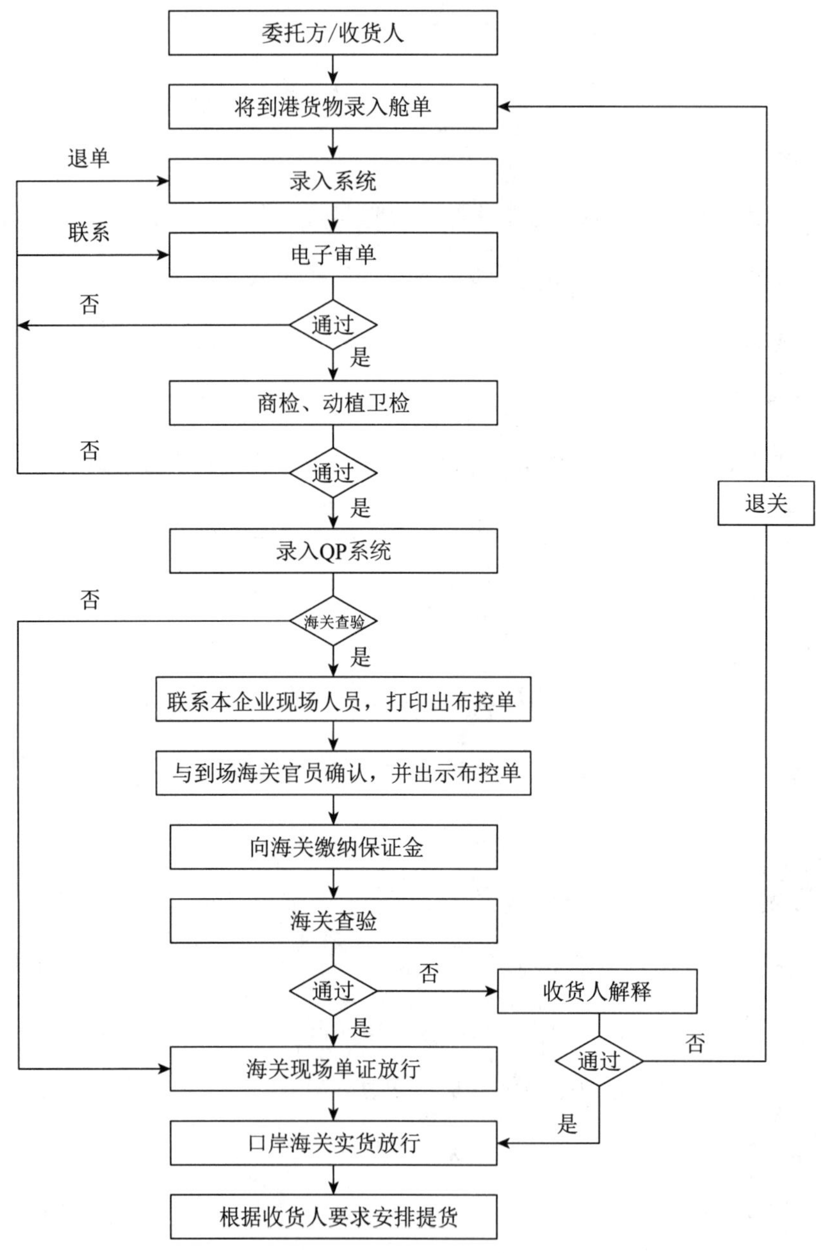

图 3-10　报关企业进口报检报关流程

报关企业进口报检报关流程如下。

① 随着今后网络化的进一步实施，所有涉及纸质单据的打印、转发、寄送等工作将不复存在。

（1）接受客户委托，负责联系办理与商检相关的工作，检查报检单据是否齐全。

（2）将到港货物录入舱单。

（3）录入系统后进行电子审单。

（4）通过后进行商检、动植卫检，报检没有通过，重回电子审单环节，与客户联系找出原因，仍未通过，做退单处理。

（5）报检通过后，录入 QP 系统。海关免验，则现场放行；海关查验时，联系本企业现场人员，打印出布控单。

（6）本企业现场人员与到场海关官员确认并出示布控单。

（7）对于进口再出口的商品需要向海关缴纳保证金。

（8）海关查验通过，海关现场单证放行；海关查验没有通过，需要收货人对其进行解释；经过解释后通过，口岸海关实货放行，经过解释，海关没有放行，做退关处理。

（9）根据收货人要求安排提货。

3. 报关企业过境申报

报关企业过境申报流程如图 3-11 所示。

报关企业过境申报流程如下。

（1）接受委托，准备好所需要的单证。

（2）过境货物入境。

（3）向中国海关递交单据；如果海关查验，则配合海关进行查验。

（4）海关查验通过，则加封；没有通过，则联系委托人。

（5）取得加盖“海关监管货物”印章的运单（取得）入境地海关的关封。

（6）将过境货物从境内运至出境口岸。

（7）向出境地海关交单。

（8）取得相关单证。

（9）海关监管货物出境。

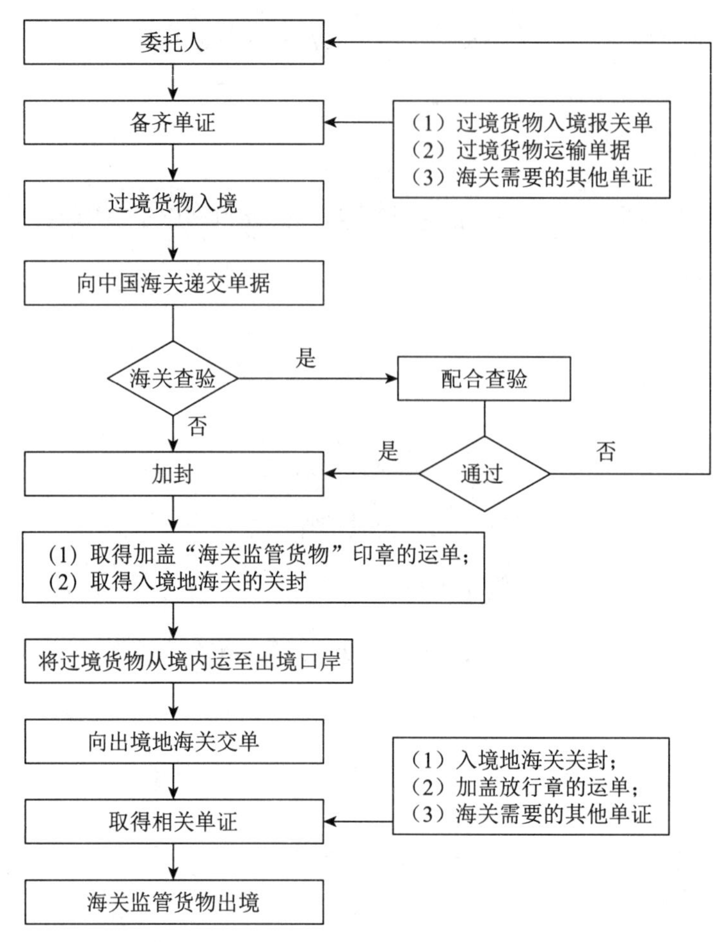

图 3-11　报关企业过境申报流程

3.12　海关查验以及当事人对海关的配合

在海关对进出口货物提出查验时，当事人需要积极和海关配合进行查验。

3.12.1　海关查验规定

（1）申报货物的性质、价格、数量、原产地、归类和货物状况与规定相符；

（2）查验地点一般在监管区内进行，特殊情况下经过申请核准后，海关可以派员到监管区以外查验；

（3）可以在海关正常工作时间之内查验，也可以书面申请在工作时间以外查验，不宜长期保存的货物优先查验；

（4）查验方法分为彻底查验和抽查（如对集装箱的全掏箱和半掏箱）；

（5）人工查验分外形查验和开箱查验；

（6）设备查验时可以使用集装箱检测平台设备直接查验。

3.12.2 当事人对海关查验的配合

（1）搬移、开拆、重封货物；

（2）回答关员的询问；

（3）提供关员需要的单证；

（4）协助海关提取检验、化验或鉴定需要的货样，并收取海关取样清单，签字确认“海关出境货物查验记录单”。

3.12.3 当事人做的相关记录

（1）开箱的具体情况；

（2）货物残损情况及致残损原因；

（3）提货取样情况；

（4）查验结论。

3.12.4 因查验损坏的赔偿

（1）在查验过程中，由海关查验人员造成的直接经济损失、赔偿金额根据被损货物及其部件的受损情况或者根据修理费确定；

（2）事后发现货物有损，但未在查验现场提出的，海关不负责赔偿；

（3）进出境货物收/发货人或者其代理人对所查验货物的特殊属性应在海关实施查验前声明。

3.12.5 非海关赔偿范围

（1）由于货物性质在海关查验的正常时间内（含扣留期限内）造成的损失（如易腐、易失效货物）；

（2）海关正常查验产生的不可避免的磨损；

（3）不可抗力造成的损失；

（4）在海关查验前后已经发生的损失；

（5）由于进出口发货人或其代理人搬移、开拆、封装或保管不善造成的损失。

3.12.6 缴纳税费

一般凭报关单号采用电子支付，由进出口货物收/发货人或其代理人在网上向指定银行电子支付税费，海关收到完成缴费的信息后，予以核注放行。

3.12.7 提取或装运货物

1. 海关进出境现场放行和货物结关

（1）无纸通关现场放行后，海关放行报文同时发送给海关监管仓库货物保管人和收/发货人，收/发货人可自行打印海关发行凭证，并凭此提货或装运离境；

（2）放行并不等于结关，放行分为：放行即结关针对的是一般进出境货物；放行未结关针对的是保税货物、减免税货物、暂准进出境货物、过境货物、转运货物及部分其他进出境货物。

2. 提取货物和装运货物

在缴纳税费或提供担保后，海关在进口提货凭证（提单、提货单、运单、场站收据等）或出口装货凭证（场站收据、装货单、运单等）签盖海关放行章，然后凭此从海关监管仓库提货或办理出口装运手续。

（1）提取货物：进口货物收货人或其代理人凭盖有海关放行章的提货单证，到货物存放地海关监管仓库办理入境提货手续。

（2）装运货物：出口货物发货人或其代理人凭盖有海关放行章的装货凭证，办理货物的装载运离出境手续。

3. 申请签发报关单证明联

海关现场放行后，根据国家外汇、税务、海关对加工贸易等管理的要求，进出口货物的收/发货人、受委托的报关企业办结海关手续后，如有必要，可以向海关申请签发下列报关单证明联：

（1）出口退税证明；

（2）用于办理付汇的进口货物报关单付汇证明联（很少使用）；

（3）用于办理收汇的出口货物报关单收汇证明联（很少使用）；

（4）用于办理加工贸易核销的海关核销联；

（5）进口货物证明书。

3.12.8 跨境电子商务报关程序

2014 年 7 月 23 日海关总署发布了《海关总署关于跨境贸易电子商务进出境货物、物品有关监管事宜的公告》（总署公告〔2014〕56 号）①，对跨境贸易电子商务进出境货物、物品有关监管专门做出了规定，提出的监管要求如下。

（1）电子商务企业或个人通过经海关认可并且与海关联网的电子商务交易平台实现跨境交易进出境货物、物品的，按公告接受海关监管。

（2）电子商务企业应提交《中华人民共和国海关跨境贸易电子商务进出境货物申报清单》（以下简称《申报清单》），采取“清单核放、汇总申报”方式办理电子商务进出境货物报关手续，提交《申报清单》，采取“清单核放”方式办理电子商务进出境货物报关手续。

（3）存放电子商务进出境货物、物品的海关监管场所的经营人，应向海关办理开展电子商务业务的备案手续，并接受海关监管。未办理的，不得开展电子商务业务。

（4）电子商务企业或个人、海关监管场所经营人、物流企业等，应按照规定通过电子商务通关服务平台实时向电子商务通关管理平台传递交易、支付、仓储和物流等数据。

海关按规定对电子商务进出境货物、物品进行风险布控和查验。海关实施查验时，电子商务企业、个人、海关监管场所经营人应按照现行海关进出口货物查验等有关规定向海关查验人员提供便利，电子商务企业或个人应到场或委托他人到场配合海关查验。

3.13 水路货物运输单证

水路货物运输涉及的单证很多，本节主要讨论操作人员需要了解的主要单证。

3.13.1 缮制单证相关术语

理解国际贸易术语是正确缮制单证主要工作之一，因为缮制单证的基本信息主要来源

① 56 号令中涉及的集中申报、转关运输、保税加工货物、保税物流货物、特定减免税货物、暂准进出境货物等报关因其特殊性，未在本模块讨论。

于合同/信用证，为了完成单证缮制工作，制单员首先要了解国际贸易中经常使用的信用证中的术语。

（1）开证申请人。开证申请人（Applicant for Letter of Credit）是指向银行提出申请开立信用证的人。在国际贸易结算中，通常是进口商，即买卖合同中的买方。

（2）开证行。开证行（Issuing Bank）是应开证申请人的要求开立信用证的银行，一般是进口地的银行。

（3）受益人。受益人（Beneficiary）是指信用证上指定的有权使用该证的人，是信用金额的合法享受人。受益人一般是进口商，有时也可能是中间商。

（4）信用证开证日期。信用证中必须明确开证日期，而且必须清楚、完整。如果信用证中没有开证日期字样，则视开证行的发电日期（电开信用证）或抬头日期（信开信用证）为开证日期。

（5）信用证有效期限和有效地点。信用证有效期限是受益人向银行提交单据的最后日期。受益人应在有效期限日期之前或当天向银行提交信用证单据。有效地点是受益人在有效期限内向银行提交单据的地点。

（6）信用证申请人和受益人。信用证申请人和受益人包括名称与地址等内容，应该完整、清楚。

信用证样本

（7）信用证货物描述。信用证货物描述应准确和完整。根据国际惯例，信用证中对货物的描述不宜烦琐。一般情况下，信用证的货物描述的基本内容包括货物的名称、数量或规格等。

（8）信用证价格条款。信用证价格条款是申请人在商务合同中确定的货物成交价格。常用的价格条款有 FOB、CFR 和 CIF 等。

托运单

（9）信用证装运期限。信用证装运期限是受益人装船发货的最后期限。受益人应在最后装运日期之前或当天（装船）发货。信用证的装运期限应在信用证有效期限之内。

（10）信用证交单期限。信用证交单期限是指除了有效期限外，要求出具运输单据的信用证还应规定在装运日期后的一定时间内向银行交单的期限。如果没有规定该期限，根据国际惯例，银行将拒绝受理迟于装运日期 21 天提交的单据。单据必须在信用证的有效日期内提交。①

① 参见中国国际货运代理协会编写，《国际货物运输代理概论》，中国商务出版社 2014 年版。

3.13.2 基本水路货物运输单证

下面主要讨论国际水路集装箱运输相关单证[①,②,③]。

1. 托运单（Shipping Note，S/N）

托运单，有的地方称作“下货纸”或“订舱单”，是发货人根据贸易合同和信用证条款内容填制的，向承运人或其代理人办理货物托运的单据。国内有时用“委托申请书”代替，托运单是指发货人根据买卖合同和信用证的有关规定或其代理人向承运人办理货物运输的书面凭证。托运单一经承运人或其代理人确认，承运人与发货人之间关于货物运输的相互关系即告建立。

载货清单

2. 收货单（Mate's Receipt）

收货单一般用于散杂货装船的操作。收货单又称大副收据，是指某一票货物装上船后，由船上大副签署给发货人的证明，用以确认船方已收到该票货物并已装上船舶。

3. 载货清单（Manifest，M/F）

装箱单

载货清单是一份按卸货港顺序逐票列明全船实际载运货物的汇总清单。它是在货物装船完毕后，由船公司的代理人根据大副收据或提单进行编制的清单，编妥后再送交船长确认。载货清单又称舱单，其内容除逐票证明货物的明细情况外，还应记明船名、国籍、开航日期、到货港、目的港等内容。在实际运作过程中，该单证与发货人关系不大。

4. 装箱单（Container Load Plan，CLP）

装箱单是记载装箱货物的具体装运资料、交付方式以及箱内积载（自里至外）顺序的单证。每一个载货集装箱都必须制作装箱单。在整箱货的情况下，装箱单由发货人缮制；在拼箱的情况下，则由集装箱货运站缮制。装箱单上所记载的货运资料必须与订舱单及港站收据上所记载的内容一致。

危险品申报单

5. 危险品申报单（Shipper's Declaration for Dangerous Goods）

危险品申报单是指专门列出集装箱内所载危险品的汇总单。发货人在托运危险品货物时，必须了解有关危险货物运输和保管的规章，如《国际海运危险货物规则》，并且应事

① 吴清一，《物流管理》第2版，中国物资出版社2005年版。
② 牛鱼龙，《海运货代实务案例》，同济大学出版社2008年版。
③ 参考《1990年国际海事委员会海运单统一规则》以及《1990年国际海事委员会电子提单规则》。

先向承运人或船长提交危险品申报单。

6. 场站收据（Dock Receipt，D/R）

场站收据又称码头收据，这是承运人委托集装箱装卸作业区、集装箱堆场、集装箱货运站或内陆站在收到整箱货后签发的收据。场站收据一般为一式7份（也有一式9份的规定），这是货运信息流转的方式。由于目前场站收据基本经网上发送和接收，因此该单据已经不再以纸质形式流转，部分已经丧失了其原始功能。

发票

7. 发票（Invoice）

发票是指出口方向外国进口方证明已正当地履行了贸易合同的有关货物运输的明细表。因不同的出口人和出口货物的发票会采用不同的格式，但其基本内容均应包括货物名称、件数、货物标志、重量、价格、总额、外汇数额、内容、包装说明、容积、重量以及贸易合同条款和运输注意事项。发票又可分为两种，即商业发票和海关发票。

海运单

8. 海运单（Seaway Bill）

海运单与电放提单有同样功能，是电放演变而来的。海运单与提单最大的不同是海运单不是物权凭证。签发海运单有以下方便之处。

货物溢短单

（1）海运单可以不寄给收货人。

（2）节省邮费又可以避免丢失。

（3）免除对提单的审查。

（4）为收货人提供简单易行的服务。

（5）改善单据流程。

提货单

（6）货物放行前，可以改签为发放提单，以便另转收货人。

（7）不凭提单交货，规避了承运人风险。

（8）收货人不必等提单到达后再提货。

（9）没有滞期、监管等费用。

9. 货物溢短单（Overlanded & Shortlanded Cargo List）

货物溢短单也是我国港口在散杂货卸货时惯用的作为卸货交接证明的单证。货物溢短单是指在卸货时，针对每票货物所卸下的数量与载货清单上所记载的数量不相符（发生溢卸或短卸）情况，待船舶卸货完毕，清理数字后，由理货管理人员对其进行汇总编制，货物溢短单用于表明货物溢出或短缺的情况。

10. 提货单（Delivery Order，D/O）

提货单是收货人或其代理人据以向集装箱码头、堆场或集装箱货运站提取货物的凭证。虽然收货人或其代理人提取货物是以正本提单为交换条件的，在实际业务中，由收货人或其代理人先向承运人在卸货港的换单代理人（属于船务代理人）交出正本提单，再由换单代理人向收货人或其代理人签发一份提货单（D/O），收货人或其代理人只有凭这张单证到指定的堆场或箱站方可提取货物。

3.14 关于提单

在涉及海运的所有单据中，提单（Bill of Lading，B/L）是最重要的单证之一，提单种类最多，处理起来最复杂，涉及提单的风险很大，与其他运输模式相比，海运提单的性质最为独特，是当事人要予以特别关注的单证。我国对提单的法律基本沿用了《统一提单的若干法律法定的国际公约》（简称《海牙规则》），同时也吸纳了《维斯比规则》的一些规定。下面详细讨论这一重要单证。

3.14.1 提单的功能

1. 提单是一张货物收据

当货物装船后，承运人根据收货单或场站收据签发的“已装船提单”出具提单。提单是根据货物的原始收据签发的，但不是货物的原始收据，所以具有货物收据的功能。

2. 提单是一张物权凭证

提单是承运人保证凭以交付货物和转让（记名提单除外）的物权凭证。按照航运习惯和法规，谁占有提单谁就占有了该提单上所记载的货物，就具有向承运人要求交付货物的请求权。另外，提单可以不经承运人的同意而转让，体现了提单的可转让性，确立了提单的物权凭证的功能。

3. 提单是运输合同的证明

提单是海上货物运输合同成立的证明。但是，当提单转让给第三者后，提单就构成了运输合同。

3.14.2 提单的种类和内容

海运提单的格式基本相同，使用的目的则不尽相同，特此讨论如下。

1. 提单的使用目的

（1）按货物是否已装船为标准可分为已装船提单和收货备运提单。已装船提单是货物装上船后签发的提单。收货备运提单是承运人已收货物但尚未装船时向发货人签发的提单。

（2）按提单上收货人的抬头为标准可分为记名提单、指示提单、不记名提单。

记名提单（Straight B/L）是指填有特定收货人名称的提单。货物只能由提单上注明的收货人收取，收货人不能以背书或其他方式转让。故又称“不可转让提单”，可以避免转让过程中可能带来的风险，一般用于贵重商品、展品及援外物资的运输。记名提单的收货人可以是买主、开证行或代收行，但银行一般不愿接受以买主为收货人的记名提单。

根据一些国家的惯例①，记名提单的收货人可以不凭正本提单而仅凭“到货通知（Notice of arrival）”上的背书和收货人的身份证明提货。

指示提单（Order B/L）是在提单上的收货人栏中有“To Order（凭指示）”字样的提单，实务中常见的可转让提单大多数是指示提单。指示提单必须经过背书转让，可以是“空白背书”，也可以是“记名背书”。

不记名提单（Bearer B/L）不填写收货人名称或仅在收货人栏填写“交与持票人”字样，故又称空白提单。

（3）按提单对货物有无外表不良批注为标准划分为清洁提单（Clean B/L）与不清洁提单（Unclean B/L）。清洁提单是指提单上没有货物外表包装不良或货物残损批注的提单。不清洁提单是指提单上有“包装不良”“货物有缺陷”“货物有短少”等不良批注的提单。

（4）以运输方式为标准可划分为直达提单、转船提单和多式联运提单 。直达提单是指自货物装船后、由装运港直达目的港、中途不得转船的提单；转船提单是指在中途港换船的提单；多式联运提单是指采用几种联合运输模式进行运输的提单。提单由第一承运人

① 参见美国《美国1936年海上货物运输法》的规定。

签发，包括全程运输，并收取全程费用。

（5）按签发提单的时间划分为倒签提单（Ante-date B/L）、顺签提单（Post-date B/L）和预借提单（Advanced B/L）。除了按照正常时间签发提单，还有以下情况。

倒签提单（Ante-dated B/L）是货物实际装船的日期晚于信用证上规定的装运日期，发货人为了使提单日期与信用证规定的装运日期相符，以便结汇，要求承运人按信用证规定的装运日期签署的提单。

顺签提单（Post-date B/L）是货物实际装船的日期早于信用证上规定的装运日期，发货人为了使提单日期与信用证规定的装运日期相符，以便结汇，要求承运人按信用证规定的装运日期签署的提单。信用证上很少有不早于某日期装船的规定，所以顺签提单并不多见。

预借提单（Advanced B/L）是在货物装船前被发货人“借走”的提单。这是因为信用证最迟装运期已届临，但这时货物尚未全部装船或货物虽已由承运人接管，但尚未开始装船，发货人为了取得与信用证相符的提单，要求承运人先行签发已装船提单，以便如期办理结汇。

由于信息在网络上的快速传递，当事人可以及时得到所需要的信息，因此在目前的实际操作过程中以上方式已经基本消失了。但是，以上方式还被认作是对收货人的欺诈行为。

（6）按收费方式划分为运费预付提单（Freight prepaid B/L）和运费到付提单（Freight collect B/L）和最低运费提单（Minimum B/L）。

运费预付提单是指成交价格条款为 CIF、CFR 时，按规定发货人要在开船前预付运费，在这种情况下出具的提单为运费预付提单，承运人在运输期间对该票货物有保管的义务。

运费到付提单是指成交价格条款为 FOB 时，运费为到付，即货到目的港时收货人付清运费后方可提货，承运人在收货人缴纳运费之前对该票货物拥有所有权；最低运费提单是指对每一提单上的货物按起码运费标准收取运费。

（7）电放提单

随着航运技术的不断进步与发展，特别是集装箱运输的普及，装卸港口工作效率大幅度提高，从而货物先于其单据到达卸货港的情形极为常见。这种情形在近洋运输中表现得尤为突出，如中国从东亚、东南亚各国家或地区进口货物时，航程较短但银行审单和处理单据的速度相对较慢，故经常出现提单晚于货物到达目的港的情况。

另外，就远洋货物运输而言，在邮寄单据的过程中也可能出现意外，如寄单迟延、寄单错误或者为了澄清单据的疑点而造成延误，单据晚于预定时间到达收货人手中的情况时有发生。在此情况下，若仍然坚持收货人凭正本提单提货，则可能导致货物在卸货港压船、压港和延误通关，从而造成卸货港口阻塞，港口费用和仓储费用大幅增加，导致承运人的成本增加。同样，也可能造成收货人丧失出售货物的良好时机等后果。

因此，收/发货人采用了电放提单的方式，电放提单是指发货人将货物装船后将承运人（或其代理人）签发的全套正本提单交回承运人（或其代理人），同时指定收货人（限记名提单）、承运人授权（通常是以电传、电报等通讯方式通知）其在卸货港的代理人，在收货人不出具正本提单（该提单在起运港已收回）的情况下交付货物。

（8）货运代理提单（House Bill①）是从事无船承运人（NVOCC）业务的货运代理人签发给实际货主的提单，一般情况下存在两套单证，一套是船公司签发给货运代理人的船公司提单，一套是货运代理人签发给实际货主的提单。此做法常见于航空输运。

2. 提单所承载的内容

提单所载内容基本相同，提单示例如图 3－12 所示。

3. 提单正面条款

（1）货物的品类。辨认货物的主要标志，如属危险品，发货人应提供货物的危险特性的明确说明，如包数或件数及货物的重量或以其他方式表示的数量等。

（2）货物的外表状况。

（3）承运人的名称和主要营业地点。

（4）发货人的名称、地址。

（5）发货人指定收货人时，收货人的名称和主要营业地点。

（6）海上运输合同规定的装货港接管货物装船的日期和承运人在装货港接管货物的日期。

（7）海上运输合同规定的卸货港。

（8）如提单正本超过一份，列明提单正本的份数（大写）。

---

① 这里的 House 是 Warehouse（仓库）的缩写。

（9）提单的签发地点。

（10）承运人或其代表的签字。

（11）收货人应付运费金额或由收货人支付运费的其他说明（如果有必要）。

（12）如属舱面货，货物装载舱面上运输的声明。

（13）如果属于电放提单，应注明 Telex Release/Surrendered（电报放货）字样。

（14）经双方明确协议，应列明货物在卸货港交付的日期或期限。

（15）协议增加的赔偿责任限额。

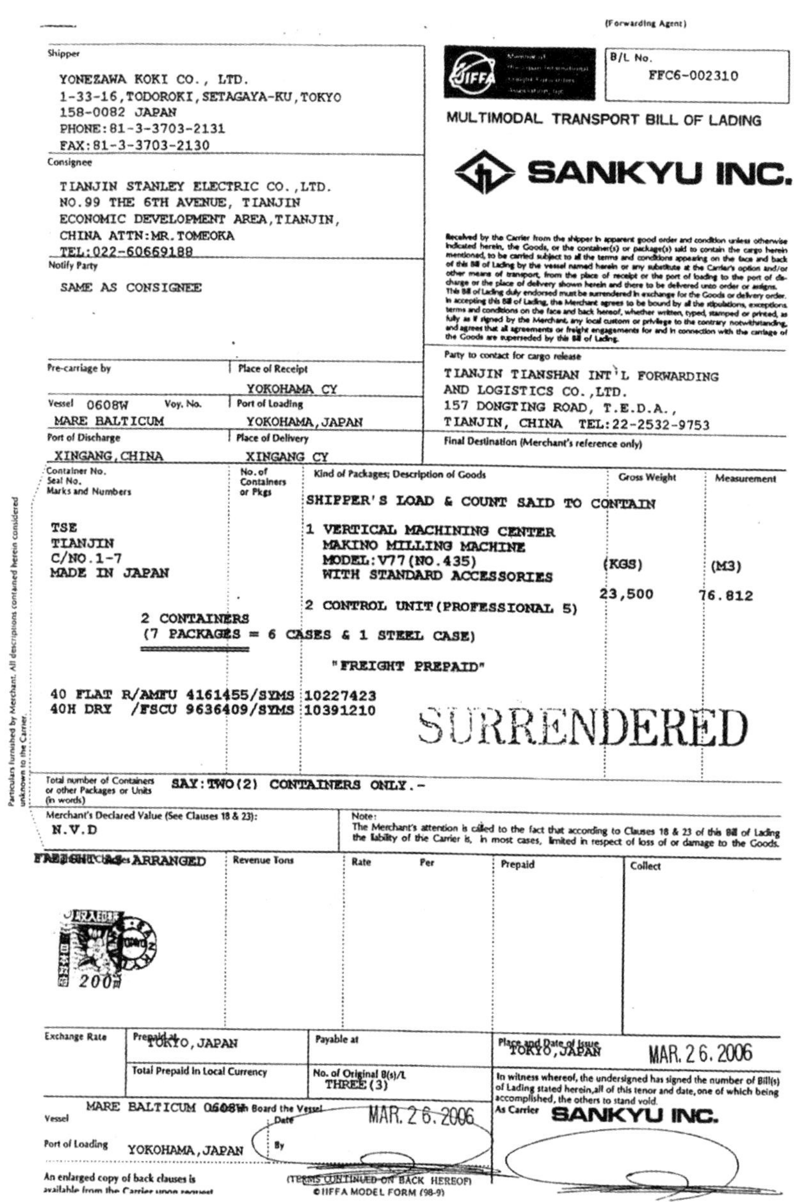

(Forwarding Agent)

Shipper
YONEZAWA KOKI CO., LTD.
1-33-16, TODOROKI, SETAGAYA-KU, TOKYO
158-0082 JAPAN
PHONE: 81-3-3703-2131
FAX: 81-3-3703-2130

Consignee
TIANJIN STANLEY ELECTRIC CO., LTD.
NO.99 THE 6TH AVENUE, TIANJIN
ECONOMIC DEVELOPMENT AREA, TIANJIN,
CHINA ATTN: MR. TOMEOKA
TEL: 022-60669188

Notify Party
SAME AS CONSIGNEE

B/L No. FFC6-002310

MULTIMODAL TRANSPORT BILL OF LADING

SANKYU INC.

Received by the Carrier from the shipper in apparent good order and condition unless otherwise indicated herein, the Goods, or the container(s) or package(s) said to contain the cargo herein mentioned, to be carried subject to all the terms and conditions appearing on the face and back of this Bill of Lading by the vessel named herein or any substitute at the Carrier's option and/or other means of transport, from the place of receipt or the port of loading to the port of discharge or the place of delivery shown herein and there to be delivered unto order or assigns. This Bill of Lading duly endorsed must be surrendered in exchange for the Goods or delivery order. In accepting this Bill of Lading, the Merchant agrees to be bound by all the stipulations, exceptions, terms and conditions on the face and back hereof, whether written, typed, stamped or printed, as fully as if signed by the Merchant, any local custom or privilege to the contrary notwithstanding, and agrees that all agreements or freight engagements for and in connection with the carriage of the Goods are superseded by this Bill of Lading.

Pre-carriage by	Place of Receipt: YOKOHAMA CY
Vessel 0608W Voy. No. MARE BALTICUM	Port of Loading: YOKOHAMA, JAPAN
Port of Discharge: XINGANG, CHINA	Place of Delivery: XINGANG CY

Party to contact for cargo release
TIANJIN TIANSHAN INT'L FORWARDING
AND LOGISTICS CO., LTD.
157 DONGTING ROAD, T.E.D.A.,
TIANJIN, CHINA TEL: 22-2532-9753

Final Destination (Merchant's reference only)

Container No. Seal No. Marks and Numbers	No. of Containers or Pkgs	Kind of Packages; Description of Goods	Gross Weight	Measurement
TSE TIANJIN C/NO.1-7 MADE IN JAPAN 2 CONTAINERS (7 PACKAGES = 6 CASES & 1 STEEL CASE)		SHIPPER'S LOAD & COUNT SAID TO CONTAIN 1 VERTICAL MACHINING CENTER MAKINO MILLING MACHINE MODEL: V77 (NO.435) WITH STANDARD ACCESSORIES 2 CONTROL UNIT (PROFESSIONAL 5) "FREIGHT PREPAID"	(KGS) 23,500	(M3) 76.812
40 FLAT R/AMFU 4161455/SYMS		10227423		
40H DRY /FSCU 9636409/SYMS		10391210		

SURRENDERED

Particulars furnished by Merchant. All descriptions contained herein considered unknown to the Carrier.

Total number of Containers or other Packages or Units (in words): SAY: TWO (2) CONTAINERS ONLY.-

Merchant's Declared Value (See Clauses 18 & 23): N.V.D

Note: The Merchant's attention is called to the fact that according to Clauses 18 & 23 of this Bill of Lading the liability of the Carrier is, in most cases, limited in respect of loss of or damage to the Goods.

Freight & Charges	Revenue Tons	Rate	Per	Prepaid	Collect
FREIGHT AS ARRANGED					

200

Exchange Rate	Prepaid at: TOKYO, JAPAN	Payable at	Place and Date of Issue: TOKYO, JAPAN MAR. 26. 2006
	Total Prepaid in Local Currency	No. of Original B(s)/L: THREE (3)	In witness whereof, the undersigned has signed the number of Bill(s) of Lading stated herein, all of this tenor and date, one of which being accomplished, the others to stand void.

Vessel: MARE BALTICUM 0608W
On Board the Vessel Date: MAR. 26. 2006
Port of Loading: YOKOHAMA, JAPAN
By

As Carrier SANKYU INC.

An enlarged copy of back clauses is available from the Carrier upon request

(TERMS CONTINUED ON BACK HEREOF)
©IIFFA MODEL FORM (98-9)

图 3-12 提单示例

集装箱提单一般都应注明上述各项内容，缺少其中一项或两项并不影响货物运输和当事人各方之间的利益，集装箱提单仍然有效。同时，除按规定的内容填制外，双方还可根据实际需要，在不违背提单签发国家有关法律规定的条件下，加注其他项目内容，如有关特种货物的装置说明，对所收到的货物的批注说明，以及不同运输方式下各承运人之间的临时洽商的批注等。

4. 提单背面条款

提单背面条款是承运人责任和托运人义务的限制条款，用来明确承运人对货物灭失和损坏负有赔偿责任，它是在支付赔偿金时对每件货物支付最高赔偿金额的条款，此外还有许多其他条款，主要包括以下几种条款。

（1）定义条款：主要对“承运人”“发货人”等关系人加以限定。前者包括与发货人签订运输合同的船舶所有人，后者包括提货人、收货人、提单持有人和货物所有人。

（2）管辖权条款：当提单发生争执时，按照适用法律，法院有审理和解决案件的权利。

（3）责任期限条款：指规定承运人对货物灭失或损害承担赔偿责任的期限。一般海运提单规定承运人的责任期限从货物装上船舶起至卸离船舶为止。集装箱提单则从承运人接受货物起至交付指定收货人为止。

（4）包装和标志：要求发货人对货物提供妥善包装和正确清晰的标志。如因为标志不清或包装不良所产生的货物损坏和灭失的一切费用由货方负责。

（5）运费和其他费用：运费规定为预付的，应在装船时一并支付，到付的应在提货时一并支付。当船舶和货物遭受任何灭失或损失时，运费仍应照付。否则，承运人可对货物及单证行使留置权。

（6）自由转船条款：承运人虽签发了直达提单，但由于客观需要仍可自由转船，无须发货人的同意。转船费由承运人负担，但风险由发货人承担，承运人的责任仅限于其本身经营的船舶所完成的那段运输。

（7）错误申报：承运人有权在装运港和目的港查核发货人申报的货物数量、重量、尺码与内容，如发现与实际不符，承运人可收取运费罚款。

（8）承运人责任限额：规定承运人对货物灭失或损坏所造成的损失所赔付的赔偿限额，即每单位货物赔偿金额最多不超过若干金额。

(9) 共同海损：若发生共同海损，应按照哪些规则理算。国际上一般采用1974年越克-安特卫普规则理算。在中国，一些提单常规定按照1975年北京理算规则理算。

(10) 美国条款：来往美国港口的货物运输只能适用《1936年美国海上货物运输法》，运费按联邦海事委员会（FMC）登记的费率本执行，如提单条款与上述法则有抵触，则以美国法为准。此条款也称“地区条款”。

(11) 舱面货、活的动物和植物：对这三种货物的接收、搬运、运输、保管和卸货过程的风险由发货人和收货人承担，承运人对其灭失或损坏不负责任。

(12) 其他条款。

各个船公司都使用自己的海运提单，其正面和背面条款内容基本相同，但是也会略有出入。

5. 信用证与提单

信用证要求在提单上标注海运费时，如果是CIF[①]/CFR[②]（CNF）条款，一般要显示Freight Prepaid字样；如果是FOB条款，一般要显示Freight Collect字样。

6. CY和CFS

CY（Container Yard）是指堆存集装箱的场站，其所有者可以是承运人，如地中海航运有限公司，也可以是物流公司（货运代理），即第三方，接受承运人委托，为其提供箱管服务；CFS（Container Freight Station）是指集装箱货运站，它是处理拼箱货的场所，在该场所办理拼箱货的交接，配载积载后，将箱子送往CY，并接收CY交来的进口货箱，进行拆箱、理货、保管，最后拨给各收货人。同时也可按承运人的委托进行施封和签发场站收据等业务。其所有者物流公司接受委托，在CFS场内或在委托人指定的其他地点提供此类服务，并收取劳务费。涉及买卖双方时，CFS主要表示劳务费由谁来负担，是贸易术语，其表现形式有CY-CY、CY-CFS、CFS-CY、CFS-CFS四种形式。

UCP600

7. 海运提单正面术语含义以及填写注意事项

海运提单是海运过程中收货人和发货人之间运输货物和提取货物的重要凭证，在货物运输过程中，正确填写提单显得尤为重要。根据UCP600的规定，制作提单应注意以下问题[③]。

① CIF是Cost，Insurance and Freight的简称，意为成本加保险费加运费。

② CFR是Cost and Freight的简称，意为成本加运费。

③ 参考福步外贸论坛（FOB Business Forum）中外贸配套服务论坛下的物流论坛中的“如何正确填写海运提单”。

（1）信用证均要求提供清洁（Clean on Board）、已装船（Shipped on Board）提单。如果信用证未规定可否转船，按照银行惯例，银行可以接受转船提单或联运提单。

（2）装船日期栏一定要填写真实日期。根据惯例，除非提单包含注明装运日期的装船批注，否则提单的出具日期将被视为装运日期。装船批注后显示的日期将被视为装运日期。

（3）提单运费栏目的记载。在 CIF 或 CFR 条件下，通常在提单上应注明运费已付（Freight Prepaid）；而在 FOB 条件下，在提单上则注明运费到付（Freight to Collect）。除非信用证条款另有规定，提单上不必列出运费的具体金额。

（4）提单的签发份数。按照信用证要求，信用证要求正本，当事人就向银行交正本，信用证要求副本，当事人就向银行交副本，正本直接寄给申请人。根据惯例，银行通常接收全套正本提单可以是仅有一份或一份以上的正本提单。如果出具了多份正本，则需要提单中显示全套正本份数，原则上需要向银行交付所有正本提单。

（5）提单的签署人。根据规则，在提单上须显示承运人名称并由下列人员签署。

①承运人或承运人的具名代理人或代表（the carrier or a named agent for or on behalf of the carrier）。

②船长或船长的具名代理人或代表（the master or a named agent for or on behalf of the master）。

如果是租船合约提单（charter party bill of lading），则由下列人员签署。

①船长或船长的具名代理人或代表（the master or a named agent for or on behalf of the master）。

②船东或船东的具名代理人或代表（the owner or a named agent for or on behalf of the owner）。

③租船人或租船人的具名代理人或代表（the charterer or a named agent for or on behalf of the charter）。

代理人的签字必须显示其是否作为承运人或船长的代理人或代表签署提单。

承运人、船长或代理人的任何签字必须分别表明其承运人、船长或代理人的身份。[①]

（6）托运人（Shipper）：一般为信用证中的受益人（Beneficiary）。如果开证人为了贸

① 参考中国国际货运代理协会编写，《国际货物运输代理概论》，中国商务出版社 2014 年版。

易上的需要，要求做第三者提单（Third Party B/L），也要照办。此栏上托运人的名称要按照委托书上指明的托运人名称复制，包括标点符号都不能随意增删，即便有明显错误也一定要“将错就错”填制，不能纠正。

（7）收货人一栏的填写有以下三种方式。

①记名提单：填写××× Company 栏，在某些国家，根据当地的法律收货人不需要提交正本提单，甚至不需要提交副本，只要能够证明自己就是收货人，就可以提货。所以，除非买卖双方彼此很了解，卖方很少接受这种提单。接受无单放货的国家有越南、印度、朝鲜、土耳其、安哥拉、刚果、美国、巴西、洪都拉斯、萨尔瓦多、多美尼加、尼加拉瓜、哥伦比亚、危地马拉、哥斯达黎加、委内瑞拉等。

②指示提单：可分为 To Order / To Order of Shipper / To Shipper’s Order，目的是方便开证人转让提单，在货未到目的地前将货物转卖或者控制货物，防止无单放货；被通知人（Notify Party）一栏不得为空。指示提单必须经发货人背书才可流通转让。

③银行为收货人提单：填写 To Order of ××× Bank 栏这种情况是银行给开证人融资。银行担心钱货两空，所以特此规定银行为收货人，目的是为了控制货权。

（8）被通知人（Notify Party）：船公司在货物到达目的港时发送到货通知给收件人，也可以是进口商。如信用证下的提单对提单被通知人有具体规定时，则必须严格按信用证要求填写，原则同 Shipper 栏。如果是记名提单，且收货人又有详细地址的，则此栏可以不填；如果因贸易之故，委托人要求在指示提单的 Notify Party 一栏显示空白或者填写 To Order，那么被通知人名称及详细地址要填写在提单副本上的 Notify Party 里面。如果空白指示提单或托运人指示提单的正副本均没有填写被通知人名称及详细地址，船方就无法与收货人联系，收货人也不能及时报关提货，甚至会因超过海关规定的申报时间而被没收。

（9）提单号码（B/L No.）：一般列在提单右上角，以便工作联系和查核。发货人向收货人发送装船通知（Shipment Advice）时，也要列明船名和提单号码。

（10）船名（Ocean Vessel Voy. No.）：应填列货物所装的船名及航次，航次号不能没有。

（11）装货港（Port of Loading）：应填列实际装船港口的具体名称。

（12）卸货港（Port of Discharge）：填列货物实际卸下的港口名称。如需转船，第一程提单上的卸货港栏填转船港，收货人栏填第二程船公司；第二程提单装货港栏填上述转船港，卸货港栏填最后目的港。如由第一程船公司出联运提单（Through B/L），则卸货港即为最后目的港，提单上列明第一和第二程船公司。如经某港转运，要显示“Via ××”字样。在集装箱运输方式下，目前使用“联合运输提单（Combined Transport B/L）”，提单上除列明装货港、卸货港外，还要列明“收货地（Place of Receipt）”“交货地（Place of Delivery）”及“第一程运输工具（Pre-Carriage By）”“海运船名和航次（Ocean Vessel, Voy. No.）”。填写卸货港时，还要注意同名港口问题，如属选择港提单，就要在此栏中注明。

（13）货名（Description of Goods）：必须与信用证上规定的一致，运费到付或预付在此栏显示。

（14）件数和包装种类（Number and Kind of Packages）：要按实际包装情况填列。

（15）唛头（Shipping Marks）：信用证有规定的，必须按规定填列。信用证中没有规定，但是在合同或形式发票中有规定，可按发票上的唛头填列。有的船公司在集装箱号的铅封号后边还要注明 CY-CY 和重量。

（16）最终目的地（Final Destination of The Goods Not The Ship）：一般用于多式联运，信用证没有规定则不填写。

（17）毛重，尺码（Gross Weight, Measurement）：除信用证另有规定外，一般以千克为单位列出货物的毛重，以立方米列出货物体积，立方米要到小数点后两位。北美洲地区进口的单上也有磅和吨的数量的要求。

（18）提单的签发、日期和份数：提单必须由承运人或船长或其代理人签发，并应明确表明签发人身份。一般表示方法有 Carrier，Captain 或“As Agent for the Carrier：×××”等。提单份数一般按信用证要求出具，如“Full Set of …”习惯做法是出具三份正本提单、若干份副本提单。承运人收回其中一份正本且完成交货任务后，其余各份失效。

（19）运费和费用（Freight and Charges）：一般为预付（Freight Prepaid）或到付（Freight Collect）。如为 CIF 或 CFR 出口，一般均填上 Freight Prepaid 字样，千万不可漏填，否则收货人会因运费问题提不到货。查清情况过程会导致提货时间的拖延，延误将造成损失。如为 FOB 出口，则运费可制作 Freight Collect 字样，收货人委托发货人垫付运费除外。出口提单上从该栏起均供船公司使用，常为空白，进口提单有时会显示内容。

（20）集装箱/货物件数填写件数（大写）［Total No. Containers or Packages（in

words）]。

国际上各船公司海运提单的内容大同小异。当事人在缮制提单时，一定要注意提单书写的规范性和正确性（英语可以完全大写），从而避免因填写错误造成不必要的麻烦。

3.15 海运操作风险与控制

国际上80%以上的货物是经过海运完成空间和时间转移的，海运在国际贸易中扮演着不可替代的重要角色。物流理论中提到的实物流、信息流和资金流都与海运相关。尽管如此，除非扩大海洋运输服务延伸范围，否则把物流的理念完全引入国际船公司的航运经营之中还需时间的考验。

由于存在着各种不确定性，海洋运输始终面对着各种风险挑战，其风险主要分为与环境相关的风险和与运输相关的风险。

3.15.1 海运相关的风险

与环境相关的风险主要分为海上风险和外来风险。

1. 海上风险

海上风险又称为海难，包括海上发生的自然灾害和意外事故。自然灾害是指由于自然界的变异而产生的破坏力量所造成的灾害。海运保险中，自然灾害仅指恶劣气候，如雷电、海啸、地震、洪水、火山爆发等人力不可抗拒的灾害；意外事故是指由于意料不到的原因所造成的事故，如搁浅、触礁、火灾、沉没、碰撞、爆炸和失踪等。

（1）触礁：指载货船舶触及水中岩礁或其他阻碍物。

（2）搁浅：指船舶与海底、浅滩、堤岸在事先无法预料的意外情况下发生触礁，并搁置一段时间，使船舶无法继续行进，从而无法完成运输任务。规律性的潮涨潮落所造成的搁浅不属于保险搁浅的范畴。

（3）火灾：指船舶本身，船上设备以及载运的货物失火燃烧。

（4）沉没：指船体全部或大部分已经没入水面，并已失去继续航行能力。若船体部分入水，但仍具航行能力，则不被认作是沉没。

（5）碰撞：指船舶与船或其他固定的、流动的固定物猛力接触。如船舶与冰山、桥梁、码头、灯标等相撞。

（6）爆炸：指船上锅炉或其他机器设备发生爆炸和船上货物因气候条件（如温度）影响产生化学反应引起的爆炸。

（7）失踪：指船舶在航行中失去联络，并且超过了一定期限后，仍无下落和消息，即被认为是失踪。

2. 外来风险

外来风险一般是指由外来原因引起的风险，该风险可分为一般外来风险和特殊外来风险。

（1）一般外来风险是指货物在运输途中由于被盗、下雨、短量、渗漏、破碎、受潮、受热、霉变、串味、玷污、钩损、生锈、碰损等所导致的风险。

（2）特殊外来风险是指由于政治、军事、国家指令及管制措施等特殊外来原因所造成的风险与损失。如因政治或战争因素，运送货物的船只被敌对国家扣留而使交货无法到达。

对海上风险采取的应对方式建议如下①。

（1）了解承运人免责条款。

（2）有能力选择合适的保险险种。

（3）收、发货人要熟知海运市场及承运人的优势航线。

（4）要根据所装商品自身的特性、特点，选择合适的运输船只以及运输路线，合理安排装运时间和运送路线等。

（5）有能力识别有承担能力的承运人。

（6）当事人备有应急预案。

（7）完善的单证流程。

（8）其他。

3.15.2 海运风险的防控

对于海事欺诈，目前国际上尚无确切的定义，普遍认同的看法：人为地对运输路线、货物状况、费用等进行欺骗、隐瞒，以此来获取不法收益，给无辜方造成损失。

---

① 本模块仅讨论收、发货人和货运代理人在海运过程中面临的风险和应对。

1. 倒签、顺签、预借提单

倒签提单或者顺签提单都是违法行为，是船公司和发货人联合欺骗收货人的行为。预借提单也是违法提单，对善意的收货人构成欺诈，其不被各国法律和海运惯例允许。由于电子数据的实时传输，目前此类情况有了很大的改观。

应对倒签、顺签、预借提单的措施。

（1）如果出口商（发货人）和进口商（收货人）有约在先，倒签、顺签和预借提单方式都可以使用。如果出口商（发货人）和进口商（收货人）没有事先约定，就应该从严掌握倒签或顺签提单。船期不准是客观情况，发货人在签约、订舱、交货时需充分考虑到这些因素。同时应加强对合同履行各个环节的管理工作，加强对船期的了解，而且应事先设法取得收货人的配合。

（2）如不得已预借提单时，如因无舱位或货物迟延而装在了另一条船上，则要注意防止发生实际装货船舶与预借提单的船名不相符合的情况。一旦发生这种情况，当事人应采取紧急措施，果断追回全套单据，重新缮制，决不可有侥幸心态。

无论如何，实际操作中会存在很多难以预料的情况。上述情况在实际运输作业中还是存在的。发货人应以正当手段获得装船清洁提单，以规避此类风险。

2. 电放提单

电放（Telex Release/Surrendered）是电报放货的简称。是指通过电子报文或者电子信息形式把提单信息发送至目的港船公司。收货人可凭加盖电放章的提单电放件和电放保函进行换单提货。在目的港，有 Surrendered 字样的电放提单由托运人指定收货人凭身份证明提货；而 Telex Release 字样的电放提单，则由收货人凭电放提单传真件提货。

应对电放提单的措施如下。

（1）船东收回正本提单，发货人提供电放保函并注明收货人的详细信息。

（2）电放的基础一定是收货人（进口商）的资信良好，这一点至关重要。

3. 凭保函签发清洁提单

在散杂货运输中，凭保函签发清洁提单是指在将货物的外表不良状况批注于大幅收据的情况下，发货人为了不影响向银行结汇，而向承运人提交的一份承担因签发清洁提单而发生的一切责任的保函，并且要求承运人在签发提单时，不把收货单上的大副批注内容转移到提单上，以清洁提单向银行顺利结汇。

应对凭保函签发清洁提单的措施：凭保函签发清洁提单是在商业习惯中被允许的变通做法。其原因不仅在于使发货人能以清洁提单顺利地结汇，而且也是为了使货运程序能顺利进行。但是，凭保函签发提单毕竟违反单证的表示不得虚假的原则。承运人凭保函签发清洁提单，仍然被认为是与发货人共谋的欺诈行为，许多国家根据法律都可以使保函无效。所以，接收保函签发清洁提单，对承运人而言是有一定风险的。因此，承运人对发货人提出的凭保函签发清洁提单的要求须特别审慎。

4. 提单的更正与补发

发货人在取得正本提单之后，有可能发现提单内容有错误，甚至在流转过程中将正本提单丢失。这会带来非常严重的后果。特别是后者，甚至会导致出口商（发货人）在信用证项下无法取得货款并且无法控制已经出运的货物。

应对提单的更正与补发的措施如下。

（1）提单的更正要尽可能在开航前办理，这样可以减少因更改提单带来的风险和费用，而且手续相对简单。如果开航后办理，涉及船公司、海关等多个部门的改签会非常麻烦，而且还有被怀疑走私的风险。

（2）如果提单丢失，托运人将要求补发提单，针对不同的承运人其要求不尽相同，一般会采用以下处理办法：要求提供担保或者保证金并根据一定的法定程序将原签发的提单声明作废，保证金质押的时间一般很长；向法院申请公示催告，法院受理期间票据转让权利无效，经法院公示可以确保提单项下权益不受侵犯，还可以避免保证金被长期质押。

5. 海运单

签发海运单固然有很多方便之处，但是和电放提单一样具有风险，海运单的风险主要针对发货人，所以在海运单实际操作过程中，使用的远不如提单多。其风险如下：

（1）收货人没有正本提单可能会遇到提货困难；

（2）承运人易面临无单放货的风险；

（3）托运人可能在货装船出运后难以收回货款，造成钱货两空；

（4）货物发生损害或灭失时，收货人向承运人主张权利缺乏法律依据。

应对签发海运单的措施：

（1）尽量不使用海运单；

（2）发货人可以要求收货人预付款来规避风险；

（3）保留书面证据。

6. 船公司甩货

顾名思义，甩货就是在承运人向申请人确定集装箱舱位之后，船舶在开船前并没有将确认的集装箱装船，导致该票货物在该航次被甩掉。船公司甩货也是不得已的事情，在运输旺季或者某些特定航线上，舱位会比较紧张。在舱位紧张且货源充足的时候难免发生船公司不能把确认的货全部装船的情况。

除了船公司，甩货也可能是由发货人造成的，如发货人在开船前没有备妥货物，就会临时撤载，撤载时发货人基本不用负担费用，一般情况下，向确认该票货物不出运即可。为了规避空舱的风险，承运人在受载的时候可能会接收超过实际舱位数量的货物，以防发货人临时撤载，造成该航次空舱。但是，如果某航次没有发货人临时撤载，承运人也不会因为甩掉部分已经确认的舱位的货物而受到惩罚。[①]

甩货也可能与货运代理人有关。如果货运代理人安排的拖车在集港过程中延误，也会造成航班延误，导致货物被甩。

应对甩货风险的措施如下。

发货人在获得相对准确的航线和船舶信息之后，就要关注舱位的确切信息。

承运人甩货这种风险的控制也要看发货人对于承运人的吸引力，承运人对大客户给予一定的关注，所以他们的货不容易被甩。如果不是大客户，那就要看货运代理人的能力。在运输旺季，要特别注意和代理沟通，发货人可以通过或者货运代理人了解装船动态。

货运代理公司有自有车辆是最理想的，如果需要外包车辆，一定要选择信誉良好、经常有业务来往的车队。每次作业之前一定要验车，了解车况，保证车辆状况良好，避免运输途中车辆出现问题。另外，对于集港的运输路线也要事先进行了解，绕过拥堵的路线，避免因延误集港造成船公司甩货。

如果发货人知道委托的货运代理公司在该船公司有包舱协议，甩货的风险就小得多了。如果货运代理公司没有包舱协议，发货人一定要催促货运代理人请求订舱代理人尽早确认舱位，必要的时候也可以直接联系订舱代理，尽量争取所委托的货物按时装船出运。

7. 拼箱货的换单费

在提取进口货物过程中，收货人自行或者委托货运代理人凭正本提单在船公司的换单

---

① 见海牙和《海牙-维斯比规则》相关内容。

代理处对进口货物换取提货单（D/O），这是收货人自行或委托货运代理人到堆场提箱/货的必要手续之一，也是进口操作中必不可少的一个环节。换单是要缴纳换单费的，不同的货运代理人对于换单费的规定不尽相同。

在大多数发货人（出口商）派船的情况下，发货人一旦履约完毕，收货人在其国内发生的费用在合同上就与发货人无关了。在货物抵达目的港的时候，因为货物实际控制权在船东代理人、拼箱人或者无船承运人手中，收货人无法就换单费的多少与其议价。如果是进口拼箱货且批量较小，按照每单收取的换单费就会较高，收货人会感觉增加了不少成本，容易对换单费发生误解。

应对换单费的措施：收货人作为合同中的一方，应该在谈判时要求发货人提供换单费信息，以便对换单费有所了解，避免开支。

8. 集装箱箱体损坏

货运代理人接受发货人委托提取空箱并进行产地装箱，然后将重箱运回指定堆场以便装船完成出口；对于进口货，货运代理人会接受收货人委托提取重箱到厂家拆箱，然后将空箱运到指定返空堆场。如果在操作中发生箱损，承运人会要求用箱人对损坏的集装箱予以修复赔偿，赔偿金在押金中扣除。

设备交接单

应对集装箱损坏的措施如下。

（1）发货人一般会把提箱和还箱业务外包给货运代理人。货运代理人可能会再次将此业务外包给拖箱公司。集装箱拖车司机提箱时，应仔细检查箱体，并按要求签署设备交接单，注明箱体实际状况。

（2）如果提箱后发货人、收货人或者拖箱承运人作业时对集装箱造成损害，则要负担集装箱修理费用，该费用从押金中扣除。如果集装箱拖车司机提箱时没有及时发现残损箱而签署了设备交接单，等于接受了一个完好的集装箱，还箱时的修箱责任属于发货人、收货人或者拖车承运人。

实际上，风险控制主要由集装箱拖车司机来完成，为了督促拖车司机谨慎验箱，发货人可以通过货运代理人要求拖车公司负担押金来规避风险。在拖车公司和堆场有合作协议的情况下，拖车公司还可以免交押金，直接操作。货运代理人应向拖车司机提出检验集装箱的要求。集装箱检验点基本如下。

（1）符合 ISO 标准。

（2）四柱、六面、八角完好无损。

（3）箱子各焊接部位牢固。

（4）箱子内部清洁、干燥、无味、无尘。

（5）不漏水、漏光。

（6）具有合格检验证书。

（7）箱门胶条完好，箱门可以关妥。

目前集装箱设备交接单的签署已经实现了电子化。

9. 危险品货物运输

随着国际贸易及海上运输业的迅猛发展，海运危险货物在数量和品种上都有了大幅度的增长。全世界各类危险货物运输每年至少有 4 万多种，常运的危险货物已达 3000 多种。多年来，由于危险货物造成船毁人亡的事故层出不穷，给海上运输和海洋环境带来日益严重的威胁，因此国际社会必须采取有效的措施，以保证海上运输的安全。

某些发货人和货运代理人出于方便、节省成本的考虑，没有或者忽略了危险品按照实际申报的重要性，给海运造成极大的隐患。

IMDG Code

对于当事人进行危险品运输操作的建议：以往各海运国家对海运危险货物采用的运输规则存在很大的差异，潜伏着诸多不安全的因素，为此国际海事组织（IMO）做了大量的工作，制定了《国际海运危险货物规则》（《IMDG Code》）等。

当事人应该注意的事项如下。

（1）必须严格限制禁运的危险货物装船，除非得以豁免。

（2）必须确保对交付待运的危险货物已进行妥善的包装。

（3）确保与危险货物运输相关的员工，已严格按《IMDG Code》要求，进行过与其岗位相关的危险货物运输规则的强制性的定期培训。

（4）必须确保交付待运的危险货物的包装件或容器已正确地标注了危险性警示标记或标牌及其他应具有的识别标志，以便在出现紧急情况时，操作人员能迅速识别危险性，而不必仅依靠随附的危险货物单证进行判断。

（5）必须确保交付待运的危险货物已正确申报，并且使用了危险货物运输的标准格式文件及单证。

（6）确保已按《IMDG Code》要求，对已交付运输的危险货物进行合理的积载，对相互可能引起危险反应的货物做了妥善的隔离。

（7）确保在船舶载运危险货物过程中，一旦发生破损或泄漏或火灾事故时，应按《IMDG Code》相关规则的规定，及时报告有关部门，并迅速按《IMDG Code》所提供的“船舶载运危险货物应急反应措施指南（EmS Guide）”的建议来处理事故，尽力减少事故的危害与财产损失；按《IMDG Code》所提供的“危险货物事故医疗应急指南（MFAG）”的建议采取措施，尽力避免或减少人员的伤害；在港口作业时，应及时通知港口当局并遵循相应的程序。

（8）所有当事人都应落实《IMDG Code》第1.4章有关危险货物安保的规定，以保证人命、财产安全和社会的安定。

海运危险货物具有爆炸、易燃、毒害、腐蚀、放射以及污染环境等特征。为了保证安全运输和防止污染，所有涉及海运操作的当事人必须采取以防为主的方针，并在事故发生时，将损失减小到最低。

3.16 相关法律法规

（1）《国际贸易术语解释通则 2000 \ 2010》中与水路货运相关的条款。

《通则 2000》：FOB、CIF、CFR、FAS、DES、DEQ、DDU、DDP。

《通则 2010》：FOB、CIF、CFR、FAS、DAP、DAT。

（2）《海牙规则》。

（3）《维斯比规则》。

（4）《汉堡规则》。

（5）《国际海运危险货物规则》。

（6）《中华人民共和国海商法》。

（7）《中华人民共和国海关法》。

（8）《中华人民共和国保险法》。

（9）《中华人民共和国港口法》。

（10）《中华人民共和国国际海运条例》。

（11）其他。

3.17 小结

水路货物运输的操作是所有运输模式中最复杂的，因此也是本模块中内容最多、讨论最详细的一单元。水路货物运输是以船舶为主要运输工具、以港口或港站为运输基地、以水域（海洋、河、湖等）为运输活动范围的货物运输，世界上大部分国际贸易都采用海洋运输模式完成交付。

本单元讨论了涉及水路运输所有当事人的操作和服务，介绍了水路货物运输的特点和相关的设施和工具，阐述了班轮服务、船务代理服务、货运代理服务和报检报关等内容。

本模块对相关术语和工具进行了界定，重点阐述了发货人、收货人、货运代理人和报关企业的操作流程，并以框图形式提供了比较直观的描述。

本单元对于重点单证［如提单（B/L）］进行了详细分析，对所涉及的单证和法规等以二维码的形式做了展示。

本单元还对从事海运相关工作的当事人所面临的风险做了部分描述，并且提供了防范的相关建议。

3.18 思考题

1. 简述海运货物运输概念。
2. 简述海运运输的优劣势。
3. 水路货物运输有哪些基本工具？集装箱特点是什么？
4. 水路货物运输中的承运人主要提供了哪些服务？
5. 水路货物运输中的货运代理人主要提供了哪些服务？
6. 船期表提供了哪些信息？
7. 发货人/收货人委托进出口运输要注意什么？
8. 货运代理人在提供进出口货运服务时有哪些注意事项？
9. 收、发货人如何委托？
10. 货运代理人接受委托时如何操作？

11. 与其他运输模式的单证相比较，海运提单的独特性在哪里?

12. 当事人如何委托进出口业务?

13. 船期表都提供了哪些信息?

14. 咨询海运费需要注意哪些事项?

15. 报检和报关术语和基本内容有哪些?

16. 委托人如何进行进出口报关?

17. 海运面临的主要风险有哪些?

18. 假设有一票出口货物经中国上海港海运至德国汉堡港，请简述货运代理人的操作流程。

19. 假设有一票进口货物经美国洛杉矶港运至中国天津港，请简述进口商/委托人的操作流程。

单元1
概　述

单元2
公路货物运输

单元3
水路货物运输

单元4
航空货物运输

单元5
铁路货物运输

单元6
多式联运

单元 4　航空货物运输

学习目标

通过学习本单元，你应该能够：

1. 了解航空货物运输的概念
2. 理解航空货物运输的优劣势及其实施和工具
3. 掌握航空货运代理人的角色和服务内容
4. 掌握空运货物委托人的委托流程
5. 掌握航空货运代理人的作业流程
6. 理解海关清关流程
7. 理解航空运输货物运价构成
8. 理解航空货物运输计费方法
9. 了解航空运货物运价类别
10. 掌握航空货运单的用途及其缮制
11. 了解国际航空法条约及合同

4.1 航空货物运输概念

航空货物运输是指使用民用航空器运送货物。根据《中华人民共和国民用航空法》第九十一条规定，公共航空运输企业是指以营利为目的，使用民用航空器运送旅客、行李、邮件或者货物的企业法人。

航空运输又分为国内航空运输和国际航空运输。国内航空运输是指根据当事人订立航空运输合同，运输的出发地点、约定的经停地点和目的地均在国境内的航空运输。

国际航空运输是指无论运输有无间断或者有无转运，运输的出发地点、约定的经停地点和目的地之一不在国境内的运输，国际航空运输要根据当事人订立的航空运输合同执行。①

4.2 航空货物运输的优劣势

中华人民共和国民用航空法

4.2.1 航空货物运输的优势

（1）运送速度快：目前飞机是最快捷的交通运输工具，常见的喷气式飞机的经济巡航速度大都在850~900千米/小时。由于大大缩短了运输时间，所以特别适用于运送易腐烂、易变质的鲜活商品，适合运送季节性、时效性强的商品，如报刊、抢险、救急品等，同时许多贵重物品、精密仪器也常采用航空运输的模式运送。

（2）飞行中不受地面条件影响：航空运输可以利用天空这一自然通道，不受地理条件约束，对于地面条件恶劣、交通不便的内陆地区非常合适，有利于当地资源的输出，促进

① 本单元部分内容摘自中国国际货运代理协会编，《国际航空货运代理理论与实务》，中国商务出版社2015年版。

当地经济发展。

（3）破损率低：由于航空货物本身的价值比较高，操作流程各环节相比其他运输模式严格得多，破损的情况大大减少。货物装机后，在空中运输可使货物免遭损坏。

（4）安全、准确：与其他运输模式相比，航空运输的安全性高，风险率约为1/3000000，航空公司的运输管理制度也比较完善。如果采用空运集装箱方式运输，则更安全。

（5）节约保险、包装、利息等费用：由于货物在途时间短，周转速度快，企业库存可以相应减少，这不仅有利于提高资金周转率，还可以降低企业的仓储费用。航空运输的货物包装简单，有利于企业降低成本。

（6）空间跨度大：在有限时间内，飞机的空间跨度值是最大的。通常的宽体飞机一次续航可达7000千米。

（7）经济效益高：修建机场比修建铁路、公路占用土地少、投资省。航空器不需要任何改装，即可迅速地转换，从而为应急或者战争服务，它是良好的军用和民用结合的交通工具。

4.2.2 航空货物运输的劣势

（1）航空运输的费用相对高，不适合低价值货物的运输；

（2）载重量小、运输成本较高，目前尚不能完成大量的普通货物运输；

（3）噪声污染严重；

（4）飞机的舱容有限，对大件货物或者大批量货物有一定限制；

（5）恶劣天气会影响飞行安全。

4.3 航空运输管理部门

中国民用航空局（Civil Aviation Administration of China）是中国航空运输的管理部门。

国际民用航空组织（International Civil Aviation Organization，ICAO）是协调世界各国政府在民用航空领域内各种经济和法律事务、制定航空技术国际标准的重要组织。

4.4 航空货物运输的设施和工具

因航空货物运输的特殊性，货运工作涉及众多的设施和运输工具，列举如下。

4.4.1 机场

机场，亦称飞机场、空港，较正式的名称是航空站。机场有不同的大小，除了跑道之外，机场通常还设有塔台、停机坪、航空客运站、维修厂等，并提供机场管制服务、空中交通管制服务等。

4.4.2 飞机

飞机是指具有一具或多具发动机的动力装置产生前进的推力或拉力、由机身的固定机翼产生升力、在大气层内飞行的重于空气的航空器。飞机是最常见的一种固定翼航空器。按照其使用的发动机类型又可被分为喷气飞机和螺旋桨飞机。[①] 本节主要讨论民用运输机，分类如下。

1. 按机身的宽度分

（1）窄体飞机（Narrow-body Aircraft）的机身宽约 3 米，这类飞机往往只在其下货舱装运散货；

（2）宽体飞机（Wide-body Aircraft）的机身较宽，客舱内有两条走廊，3 排座椅，机身的宽度一般在 4.72 米以上，这类飞机可以装运集装货物和散货。

2. 按飞机的用途分

（1）全货机：主舱与下舱全部载货。

（2）全客机：只在下舱载货。

（3）客货混用机：在主舱前部设有旅客座椅，后部可装载货物，下舱内也可装载货物。

① 摘自中国国际货运代理协会编，《国际航空货运代理理论与实务》，中国商务出版社 2015 年版。

4.4.3 航空集装设备

集装运输是指将一定数量的单位货物装入箱内或装在带有网套的板上，并将其作为运输单位进行运输，运输过程中使用的设备统称航空集装器，其种类如下。

1. 按注册分

集装器按种类可划分为注册和非注册两种。

（1）注册的：注册的集装器是国家政府有关部门授权集装器生产厂家生产的、适宜飞机安全载运的、在其使用过程中不会对飞机的内部结构造成损害的集装器。

（2）非注册的：非注册的集装器是指未经国家政府有关部门授权生产的，未取得适航证书的集装器。非注册的集装器一般不允许装入飞机的主货舱。但由于这种集装器适合地面的操作环境，仅适合于某些特定机型的特定货舱。

2. 按种类分

集装器按种类可划分为集装板和网套、结构与非结构、集装棚和集装箱。

（1）集装板和网套：集装板是具有标准尺寸、四边带有卡锁轨或网带卡锁眼、带有中间夹层的硬销合金制成的平板，以便货物在其上码放；网套用来把货物固定在集装板上，网套是靠专门的卡锁装置来固定的。

（2）结构与非结构：为了充分地利用飞机内的空间、保护飞机的内建，除了板和网之外，还可增加一个非结构的棚罩（可用轻金属制成），罩在货物和网套之间，这就是非结构的集装棚；结构集装棚是指带有固定在底板上外壳的集装设备，它形成了一个完整的箱，不需要网套固定，分为拱形和长方形两种。

（3）集装棚和集装箱：集装箱类似于结构集装棚，它又可分为以下几种。

空陆联运集装箱：该箱长为 20 英尺或 40 英尺，高和宽均为 8 英尺。这种集装箱只能装于全货机或客机的主货舱，用于陆空、海空联运。

主货舱集装箱：该箱只能装于全货机或客机的主货舱，高度在 163 厘米以上。

下货舱集装箱：该箱只能装于宽体机的下货舱。

还有一些特殊用途的集装箱，如保温箱、运输活体动物和特种货物的专用集装器等。

4.5 航线和航路

航线：民航运输企业在获得航空运输业务经营许可证之后，必须按照规定的线路进行，可以在允许的一系列站点（即城市）范围内提供航空客货运输服务。由这些站点形成的航空运输路线，叫作航空交通线，简称为航线。航线由飞行的起点、经停点、终点、航路、机型等组成。航线按其飞行的路线分为国内航线和国际航线。

航路：经政府有关当局批准的、飞机能够在地面通信导航设施指挥下在空中做航载飞行的空域，就称为航路。

4.6 航空公司

航空公司（Airlines）是指以各种航空飞行器为运输工具，以空中运输的模式运载人员或货物的企业。航空公司是以各种航空飞行器为运输工具为乘客和货物提供民用航空服务的企业。

航空公司使用的飞行器可以是他们自己拥有的，也可以是租来的，他们可以独立提供服务或者与其他航空公司合伙或者组成联盟。航空公司的规模可以从只有一架运输货物的飞机到拥有数百架飞机且可提供各类全球性服务的国际航空公司。

航空公司的服务范围可以分为洲际、洲内、国内，也可以分为航班服务和包机服务。

各个航空公司都有自己的运单前缀，如国航 CA999、海航 HU88、山东 SC32、厦航 MF73、东航 MU78、深航 ZH47、上航 FM774、南航 CZ78、川航 3U87、联航 KN822 等。

各种航空集装器图例

4.7 航空货运代理公司

航空货运代理公司之所以能够产生并迅速发展起来，原因之一是目前航空公司的服务基本没有走出机场，而托运人的货物通常是紧急运输的货物，而且托运人对航空运输业务的流程可能不十分了解，因此航空货运代理公司的服务能够为托运人和承运人双方都带来方便和好处。

航空货运代理公司作为托运人和航空公司之间的桥梁和纽带，既可以是托运人的代理，代替托运人向航空公司办理托运或提取货物；也可以是航空公司的代理，代替航空公司办理托运或提取货物的手续，出具航空公司的主运单（Master Airway Bill）和自己的分运单（House Airway Bill）。

4.7.1 航空货运代理公司的业务

航空货运代理公司的业务分为通过航空货运代理公司办理或者由收、发货人直接向航空公司办理两种形式，常见的形式是前者。

航空货运代理公司大都对运输环节和有关规章制度十分熟悉，与民航、海关、商检和交通运输部门有着广泛的联系，并且具备代办运输手续的条件。同时，航空货运代理公司在世界各地都设有分支机构或合作的航空货运代理企业，因此能够及时联络、控制货物运输的全过程。托运人还可以通过航空货运代理企业查询航班班期，因此委托航空货运代理企业办理进出口货物运输比托运人直接委托给航空公司更为便利。

4.7.2 航空货运代理公司的服务

对于以航空运输模式出口的货物，航空货运代理公司承办在始发机场交给航空公司的销售、订舱、接货、制单、报验、报关、结费和交运等工作；对于以航空运输模式进口的货物，则在目的地机场从事接货、接单、报关、报验、结费、送货或转运等工作。航空公司一般不负责办理这类业务，因而需要专业承办此类业务的航空货运代理公司提供必要的服务。

航空运单

4.8 航空货物运输操作流程

本节主要讨论航空货物运输进出口的操作流程，国内航空货物运输操作流程与此类似，只是不涉及通关和征、退税等与国际贸易相关的环节。

4.8.1 航空货物运输出口基本流程

航空货物运输出口基本流程包括发货人的委托注意事项和航空货物运输货运代理的出口操作流程。

1. 发货人委托空运注意事项

（1）与出口货物相关的信息：品名、件数、重量、箱规尺寸、出货时间。目的港及目的港收货人名称、地址、电话，发货人名称、电话、地址等。

（2）与出口货物通关相关的信息：根据实际货物准备对应的资料，如清单、合同、发票等。

（3）填写报关委托书并盖章，准备盖章空白信纸5份以上以备报关过程中需要，并且交由委托报关的货运代理公司或报关行进行处理，由于电子报关要求，所以需要尽量提供电子版。

（4）根据贸易方式将上述文件或其他必备文件交由委托报关的货运代理公司或报关行。

空运出口运输代理协议

2. 航空货运代理出口操作流程

航空货运代理出口操作流程如图4-1所示。

航空货运代理出口操作流程如下。

（1）货运代理人接受委托。

（2）向委托人索要货物资料：托运人名称、电话、地址；品名、件数、重量、箱规尺寸；目的港及目的港收货人名称、地址、电话。

备妥应具备的报关资料：清单、合同、发票、手册、核销单、审核单证、服务、运费、起运日期等。

（3）按照委托人要求选择适合的航空公司。

（4）得到航空公司确认。

（5）向委托人报价并得到确认。

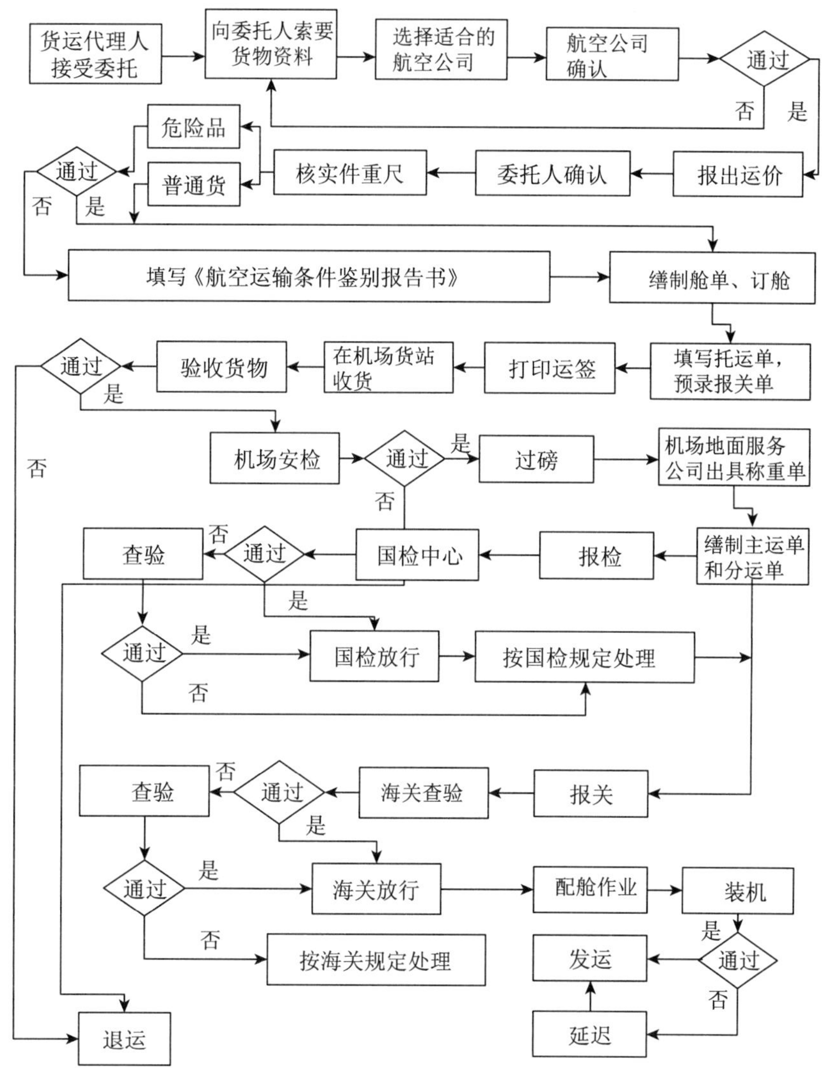

图 4-1 航空货运代理出口操作流程

（6）再次核实件重尺，普通货直接进入制单环节。

（7）无须填写《航空运输条件鉴别报告书》的危险品，直接进入下一环节，否则，要取得该单证方可。

（8）缮制舱单并向航空公司订舱。

（9）填写托运单，预录报关单。

（10）打印运签。

（11）在机场货站收货，查看货物数量、包装；验货通过，则理货、入库并且缴纳仓储、卫检等杂费；验货没有通过，则需要办理退运。

（12）进入机场安检环节；通过后将货物过磅，机场地面服务公司出具称重单。安检通过，进入下一个环节；安检没有通过，需要办理退运。

（13）缮制主运单和分运单。

（14）进入报检环节，检查商检委托书内容齐全，不齐全的要补充完备；需要了解货物是否做商检，并协助办理商检。

（15）免检的货物国检中心直接放行，没有通过免检的货物需要查验。

（16）查验通过，国检放行；没有通过的按照国检规定处理。

（17）通过商检之后，方可报关；托运人填写《报关委托书》，交由委托报关的航空货运代理公司或报关行申报。

（18）海关免验的，直接放行；通过查验的，海关放行；没有通过查验的，按照海关规定处理。

（19）通关后，整理有关单据，交由航空公司地面服务公司审核并录入，缴纳相关费用，进行配舱作业。

（20）装机发运，如果因故延迟，需要及时处理以便发运。

（21）发运 7 日后回海关贴关单防伪签。①

3. 出口报关单证

航空货物运输出口报关应备单证如下。

（1）报检检疫委托书原件。

（2）报关委托书原件。

（3）空运单（主运单和分运单）。

（4）商业发票。

（5）合同需列明合同号、品名、贸易方式、数量、金额等。②

（6）装箱单。

（7）视频编码号。

（8）相关资料。

---

① 以北京货运机场作业为例，其他地方的操作流程可能有些不同，但是大同小异。

② 参见《海关进出口税则》《中国海关报关实用手册》和《海关进出口商品规范申报目录》。

4. 通关后需要整理的单证

（1）委托书；

（2）航空货物安检申报单；

（3）称重单；

（4）加盖放行章的报检单；

（5）加盖放行章的报关单；

（6）主运单和分运单；

（7）空运货物运输条件识别报告书；

（8）随行文件（如有必要）。

以上单证需要交由航空公司地面服务公司审核及录入，并缴纳地面仓储及装卸等费用。

4.8.2 航空货物运输进口基本流程

航空货物运输进口基本流程包括收货人的委托注意事项和航空货物运输货运代理的出口操作流程。①

1. 收货人的委托注意事项

航空货物运输中货物的收货人收货很简单，类似收到一份快件。有时，甚至不需要提单就可以拿到货。收货人收货的几种方式如下。

（1）提单。

（2）提单号码。

（3）本人身份证明或公司证明。

空运进口运输代理协议

（4）如果货物到达目的地机场，货运单上写的是机场自提，那么在飞机落地后两个小时后就可以凭货物单号及本人身份证去机场提货；如果收货人填写的是公司，机场提货时，需要备妥加盖公章的委托书；如果收件人填写的是本人，但又没有时间去提货，那么去机场提货时，需要本人身份证原件以及委托人的身份证原件。

2. 航空货物运输货运代理基本进口流程

航空货物运输货运代理基本进口流程②如图 4-2 所示。

① 以上海空港为例，其他地方的操作流程可能有些不同，但是大同小异。

② 以上海空港为例，其他地方的操作流程可能有些差别，但是大同小异。

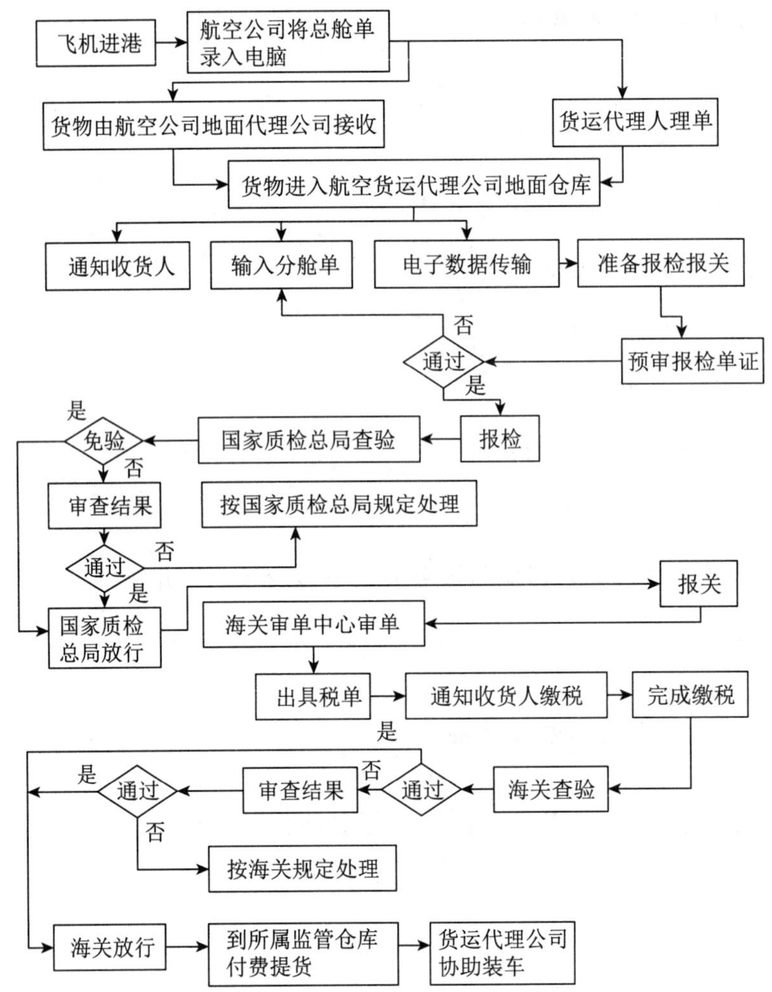

图 4-2　航空货物运输货运代理基本进口流程

航空货物运输货运代理基本进口流程如下。

（1）飞机进港之后，航空公司要将总舱单录入电脑。

（2）货物可以由航空公司地面代理公司接收，也可以由航空货运代理公司接收。

（3）进入仓库之后，由货运代理公司通知收货人输入分舱单和做电子数据传输，并且准备报检报关。①

（4）预审报检单证，若报检单证有问题，则返回查验是否输单错误；若没有问题则进入报检环节。

（5）国家质检总局可以对其进行免验也可以抽验。

（6）免验或者检验通过后国家质检总局放行，没有通过检验的货物要按国家质检总局规定处理，可能需要退货。

① 进口报关单证可以参考 3.10 有关单证内容。

（7）国家质检总局放行之后，需要报关。

（8）海关审单中心审单并免出具税单，通知收货人缴税，完成缴税后进入海关查验环节[①]。

（9）海关免验或者查验合格即可放行；查验不合格要按海关规定处理。

（10）办理完报关报验手续，收货人凭盖有海关放行章、动植物报验章、卫生检疫报验章（进口药品需有药品检验合格章）的进口提货单到所属监管仓库付费提货。

（11）货运代理公司协助装车发运。

4.8.3 报关企业的操作流程

（1）接单、送单：托运人可自行选择报关行，也可委托航空货运代理公司进行报关。托运人备妥报关资料之后，连同货站的“可收运书”及航空公司的正本运单及时交给报关行，以便及时报关，方便货物及早通关以及运输。

（2）预录入：报关行将根据以上文件，整理并完善所有报关文件，将数据录入海关系统，进行预先审核。

（3）申报：预录通过后，可进入正式申报程序，将所有单证交由海关审核。

（4）送单时间：根据航班时间，一般提前一天报关。

（5）转关货物要收取相应的转关费用。[②]

4.8.4 海关清关流程

1. 出口清关

（1）审单：海关将根据报关资料审核货物以及单证。

（2）查验：抽查或者由航空货运代理公司自查（航空货运代理公司要对查验后果负责）。

（3）征税：海关根据货物的类别，按照国家法律规定收取税收，并填写核销单（货物出口后托运人退税将使用核销单）。

（4）放行：以上手续完备后，海关将对货物放行，在相关单证上加盖海关放行章，交

① 关税税金：货值×该货物关税税率；增值税：（货值+关税税金）×增值税比率。详见《海关进出口税则》。

② 报关行工作时间为8：30—12：00，13：30—17：30。

给相关的报关行。[1]

（5）空运货物的通关时间：一般情况为当天。

2. 进口清关

（1）初审：审查报关单证是否齐全。

（2）审单：根据报关资料审核货物以及单证内容。

（3）查验：抽查或者由航空货运代理公司审核（航空货运代理公司要对查验后果负责）。

（4）征税：根据货物的类别，按照国家法律规定征税和相关费用。

（5）放行：以上手续完备之后，对货物放行，在相关的单证上加盖海关放行章，交给相关的报关行。

4.8.5 空运快件基本操作流程

空运快件基本操作流程如图 4-3 所示。

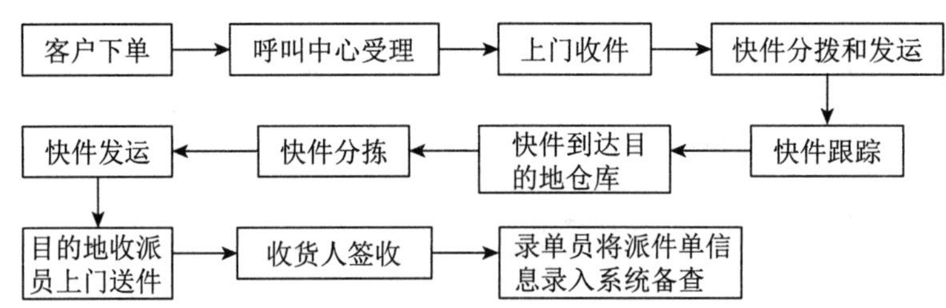

图 4-3 空运快件基本操作流程

（1）客户下单：客户寄快件可以直接致电快递公司的统一接单电话，快递公司均提供免费上门揽收的服务，有的还可以提供免费包装、代收货款、保价、特殊运输、代签回单等。

（2）呼叫中心受理：呼叫中心客服人员受理客户需求，记录信息，通过呼叫中心系统将相应信息发送到指定区域收派员的终端上。

（3）上门收件：收派员按照信息上门收件，核对货物和运单，收取预付运费，用无线巴枪扫描运单条码，然后将快件交回所在区域营业网点。

（4）快件分拨和发运：营业部仓管将收派员的快件集中完毕后，用巴枪扫描进行相应

① 海关工作时间为：9：00—12：00，13：30—16：30，节假日海关一般不接受货物申报，除非企业有《应急本》，在海关有相应的备案，海关才会接受申报。

数据采集，按操作要求将快件装车，一般派送方式是通过本地航空、公路、铁路进行货件集散发运。同城、同省运输方式以公路运输为主，跨省的中短距离的运输以物流车辆辅助铁路运输为主，中长距离的运输以全货机和客机腹舱运输为主，该方式可将快件快速发运至目的地的中转场站。

（5）快件跟踪：将快件所达节点信息均发布于网上，以便全程跟踪以及针对异常情况进行及时处理。

（6）快件到达目的地仓库。

（7）快件分拣：在目的地提货并进行分拣，组织车辆运送到指定目的地的区域营业网点。

（8）快件发运。

（9）目的地收派员上门送件，收货人签收，采用运费到付方式的要现场收费，从而完成快件运输全过程。

（10）录单员将派件单信息录入系统备查。

4.9 航空货物运价

运价，又称费率，是指承运人对所运输的每一单位重量货物（千克或磅）所收取的自始发地机场至目的地机场的空中费用，销售航空货运单所使用的运价应为填制货运单之日的有效运价，即在航空货物运价有效期内适用的运价。

运价不包括提货、报关、接交、仓储以及承运人、代理人或机场收取的其他费用，这些费用由货站或者航空货运代理公司收取，称作其他费用。

本节介绍国内和国际运价体系以及航空货物运费的计算原则。

4.9.1 国内航空货物运价分类

（1）最低运费（运价代号 M），每票国内航空货物最低运费为 30 元。

（2）普通货物运费（运价代号 N 或 Q），普通货物运价包括基础运价和重量分界点运价。基础运价是中国民用航空局统一规定的各航段货物的基础运价，基础运价为 45 千克以下普通货物运价，费率按照中国民用航空局规定的统一费率执行。重量分界点运价为 45

千克以上普通货物运价，按标准运价的80%执行。

（3）等级货物运价（运价代号S），急件、生物制品、植物和植物制品、活动物、骨灰、灵柩、鲜活易腐物品、贵重物品、机械、弹药、押运货物等特种货物的国际航空运费按普通货物标准运价的150%计收。

（4）指定商品运价（运价代号C），对于一些批量大、季节性强、单位价值小的货物，航空公司可建立指定商品运价，运价优惠幅度不限，报中国民用航空局批准执行。

4.9.2 国内航空运费计费规则

（1）货物运费计费以“元”为单位，元以下四舍五入；

（2）择大计收，按重量计得的运费与最低费相比取其高者；

（3）按实际重量计得的运费与按较高重量分界点运价计得的运费比较取其低者；

（4）分段相加组成运价时，不考虑实际运输路线，不同运价组成点组成的运价相比取其低者。

4.9.3 国内航空货物运价的确定

（1）特种货物（Specific Commodity Rates，SCR）；

（2）等级商品（Class Rates or Commodity Classification Rates，CCR）；

（3）普通货物（General Cargo Rates，GCR）；

（4）起码运费（Minimum Charges，MC）；

（5）成组货物（United consignment ULD，Unit Load Devices）；

（6）航空邮件（Airmail）。

1. 特种货物运价

特种货物运价通常是承运人根据在某一航线上经常运输某一种类货物的托运人的请求或为促进某地区间某一种类货物的运输，经国际航空运输协会同意后所提供的优惠运价。特种货物分为10类，其中每一类又细分为10组，每组再细分，这样几乎所有的商品都有一个对应的组号，公布特种货物运价时只要指出本运价适用于哪一组货物即可。

因为承运人制定特种运价的初衷主要是使运价更具竞争力，吸引更多客户使用航空货运形式，使航空公司的运力得到更充分利用，所以特种货物运价比普通货物运价要低。因此适用特种运价的货物除了满足航线和货物种类的要求外，还必须达到承运人所规定的起码运量（如 100 千克）。如果货量不足，而托运人又希望能适用特种运价，那么货物的计费重量就要以所规定的最低运量（100 千克）为准，该批货物的运费就是计费重量（此时是最低运量）与所适用的特种货物运价的乘积。

2. 等级货物运价

等级货物运价指适用于指定地区内部或地区之间的少数货物运输的运价。通常表示为在普通货物运价的基础上增加或减少一定的百分比。

适用等级货物运价的货物通常有：

（1）活动物、活动物的集装箱和笼子；

（2）贵重物品；

（3）尸体或骨灰；

（4）报纸、杂志、期刊、书籍、商品目录、盲人和聋哑人专用设备和书籍等；

（5）货物托运的行李。

3. 普通货物运价

普通货物运价是适用最为广泛的一种运价。当一批货物不能适用特种货物运价，也不属于等级货物时，就适用普通货物运价。

通常，各航空公司公布的普通货物运价根据所承运货物数量的不同规定了几个计费重量分界点（Break Points）。最常见的是 45 千克分界点，将货物分为 45 千克以下的货物（该种运价又被称为标准普通货物运价，即 Normal General Cargo Rates，简称 N）和 45 千克以上（含 45 千克）的货物。另外，根据航线货流量的不同还可以规定 100 千克和 300 千克分界点，甚至更多。运价的数额随运输货量的增加而降低，这也是航空运价的显著特点之一。

4. 起码运费

起码运费是航空公司办理一批货物所能接受的最低运费，是航空公司考虑即使很小的一批货物也会产生固定费用后制定的。

如果承运人收取的运费低于起码运费，就不能弥补运送成本。因此，航空公司规定无论所运送的货物适用哪一种航空运价，所计算出来的运费总额都不得低于起码运费。若计算出的数值低于起码运费，则以起码运费计收，另有规定的除外。

5. 成组货物运价

成组货物运价即特殊运价，适用于托盘或集装箱货物。

6. 航空邮件运价

普通邮件运费按照普通货物基础运价计收；特快专递邮件运费按照普通货物基础运价的150%计收。

4.9.4 国际航空货物运价

目前国际航空货物运价按制定的途径划分，主要分为协议运价和国际航协运价。

1. 协议运价

协议运价指航空公司与托运人签订协议，托运人保证每年向航空公司交运一定数量的货物，航空公司则向托运人提供一定数量的运价折扣。

IATA

2. 国际航协运价

国际航协运价指国际航空运输协会（IATA）在空运货物运价表（TACT）上公布的运价。国际航协通过运价手册向全世界公布国际航协运价，主要目的是协调各国的货物运价。但从实际操作来看，由于各国将从竞争角度考虑，因此很少有航空公司完全遵照国际航协运价，大多进行了一定的折合，但不能说这种运价没有实际价值。

4.9.5 航空货物运输计费方法

计费重量是指用以计算货物航空运费的重量，即货物的计费重量是货物的实际毛重（Actual Gross Weight）、或者是货物的体积重量（Volume Weight）或者是较高重量分界点的重点。

货物的形状不论为规则的长方体或是正方体，计算货物体积时，均应以最长、最宽、最高的三边的厘米长度计算。长、宽、高的小数部分按四舍五入取整。

（1）实际毛重：包括货物包装在内的货物重量称为货物的实际毛重。

（2）体积重量：按照国际航协规则，将货物的体积按一定的比例折合成的重量称为体积重量。

计算规则：航空货物尺寸一般按照厘米计算。但是，由于运费按照千克计算，即采取重量计费的方式，所以要按照货物的体积重量和实际重量分别计算，然后择大计收。体积

重量 = 长（厘米）×宽（厘米）×高（厘米）/ 6000（或者 5000，具体参考航空公司规定）。如果 1 立方米货物的单位体积超过 167 千克，即体积重量 > 实际重量，则为轻浮货，行业里称其为泡货，要按体积重量收费。举例如下。

某纸箱包装的采用航空运输的货物的体积和重量为实际毛重 18 千克，体积 0.14 立方米。

计算：0.14/0.006 ≈23

计算结果为 23，大于实际毛重 18 千克。按照择大计收原则，航空公司会按照计费重量 23 千克计收运费。

（3）重量分界点的重量：指国内航空货物运输建立 45 千克以上、100 千克以上、300 千克以上的三级重量分界点。

（4）重量分段对应运价：在每一个重量范围内设置一个运价，北京至首尔运价如表 4-1 所示。

表 4-1　　北京至首尔运价

重量分级（千克）	运价（元）
N	23.95
45	18.00
100	17.17
300	15.38

（5）数量折扣原则。随着运输重量的增大，单位运价越来越低。这是定价原则中的数量折扣原则，通过该原则可保证飞机的舱位有充分的货源。从表 4－1 可以看出重量越大，单位运价越低。

（6）运距因素：这是一个基本因素，因为运距越长，运输的消耗越大，因此运价越高。北京到新加坡和北京到悉尼的单位运价对比如表 4-2 所示。

表 4-2　　北京到新加坡和北京到悉尼的单位运价对比

北京—新加坡		北京—悉尼	
重量分级（千克）	运价（元/人民币）	重量分级（千克）	运价（元/人民币）
N	36.66	N	54.72
45	27.50	45	41.04
300	15.38	300	32.83

（8）根据产品性质分类：国际航协根据产品的性质分为在普通运价的基础上运价附加和运价附减，例如：对于活体动物、骨灰、灵柩、鲜活易腐物品、贵重物品、急件等采取运费附加的形式；对于书报杂志、货物运输的行李采取运费附减的形式。

4.9.6 航空货物运价类别

（1）普通货物（代号 N）：普通货物运价是指除了等级货物运价和指定商品运价以外适合于普通货物的运价。

（2）等级货物（代号 S）：等级货物运价是指对急件、生物制品、珍贵植物和植物制品、活体动物、骨灰、灵柩、鲜活易腐物品、贵重物品、枪械、弹药、押运货物等特种货物实行等级货物运价，按照基础运价的 150%计收。

（3）指定商品（代号 C）：指定商品运价是指对于一些批量大、季节性强、单位价值低的货物，可申请建立指定商品运价。

（4）最低运费（代号 M）：最低运费是指每票国内航空货物最低运费为人民币 30 元。

（5）集装货物：集装货物运价是指以集装箱、集装板作为一个运输单元运输货物，可申请建立集装货物运价。

4.9.7 国内航空运价使用规则

（1）直达货物运价优先于分段相加组成的运价；

（2）指定商品运价优先于等级货物运价和普通货物运价；

（3）等级货物运价优先于普通货物运价。

4.10 航空货运单

航空货运单（Airway Bill）与海运提单有很大不同，却与国际铁路运单相似。它是由承运人或其代理人签发的重要的货物运输单据，是承托双方的运输合同，其内容对双方均具有约束力。航空货运单不可转让，持有航空货运单也并不能说明可以对货物要求所有权。

4.10.1 航空货运单的用途

航空货运单是托运人或其代理人所使用的最重要的货运文件，其作用如下。

（1）运输合同：承运人与托运人之间缔结运输凭证的运输契约。

（2）接收证明：除非另外注明，否则它是承运人收到货物并在良好条件下装运的证明。

（3）运费账单：运费结算凭证及运费收据，可作为运费账单和发票。

（4）承运依据：承运人在货物运输组织的全过程中运输货物的依据。

（5）报关依据：国际进出口货物办理清关的证明文件。

（6）保险证明：如果承运人承办保险或发货人要求承运人代办保险，则空运提单也可用来作为投保依据。

（7）内部依据：承运人内部业务的依据。

（8）货物身份：运单随货同行，用以证明货物的身份。

4.10.2 航空货运单

1. 航空货运单的份数及作用

航空货运单的正本一式三份，每份都印有背面条款①，具体说明如下：

（1）其中一份交发货人，是承运人或其代理人接收货物的依据；

（2）第二份由承运人留存，作为记账凭证；

（3）最后一份随货同行，在货物到达目的地、交付给收货人时作为核收货物的依据。

除此之外，航空货运单还包括六联副本和三联额外副本。

2. 航空货运单类别

航空货运单主要分为主运单（Master Air Way Bill，MAWB）和分运单（House Air WayBill，HAWB）。

（1）主运单：航空主运单的当事人为集中托运人和航空运输公司。凡由航空运输公司签发的航空运单就称为主运单。每一批航空运输的货物都有自己相对应的航空主运单。货主与航空运输公司没有直接的契约关系。

（2）分运单：集中托运人在办理集中托运业务时签发的航空运单被称作航空分运单。

① 参见《中华人民共和国航空法》第114条规定。

在集中托运的情况下，集中托运人要签发航空分运单。航空分运单可作为集中托运人与托运人之间的货物运输合同，合同双方分别为货 A、B 和集中托运人，托运人与航空运输公司没有直接的契约关系；由于在起运地货物通过集中托运人将货物交付航空运输公司，在目的地由集中托运人或其货运代理人从航空运输公司处提取货物，再转交给收货人，因而收货人与航空运输公司也没有直接的货物交接关系。

4.10.3 缮制航空货运单

航空货运单是航空货物运输的最重要单证之一。在填写运单时，需要谨慎处理。填制货运单的基本要求如下①。

（1）航空货运单要求用英文大写字母打印，各栏内容必须准确、清楚、齐全，不得随意涂改。

（2）航空货运单已填内容在运输过程中需要修改时，必须在修改项目的近处盖章，注明修改货运单的空运企业名称、地址和日期。修改货运单时，应将所有剩余的各联一同修改。

（3）在航空货运单的各栏目中，有些栏目印有阴影。其中，有标题的阴影栏目仅供承运人填写。除非承运人特殊需要，否则使用设有标题的阴影栏目一般不需填写。

航空货运单各栏（格）的填写要求、使用编号简要说明如下。

（1）航空货运单号码（The Air Waybill Number）：航空货运单号码应清晰地印在航空货运单的左右上角及右下角，包括航空公司的数字代号（Airline Code Number）和货运单序号及检验号（Serial Number）。

（2）注意：第八位数字是检验号，是前七位数字对 7 取模的结果。

（3）第四位数字与第五位数字之间应留有比其他数字的间距更大的空间。

（4）始发站机场（Airport of Departure）：填制始发站机场的 IATA 三字代号（如果始发地机场名称不明确，可填制机场所在城市的 IATA 三字代号）。

（5）货运单所属承运人的名称及地址（Issuing Carries Name and Address）：此处一般印有航空公司的标志、名称和地址。

（6）无须填写正本联说明。

（7）契约条件：除非承运人需要，一般情况下无须填写。

① 参见中国物流交易中心智慧流通网。

（8）托运人栏（Shipper）：填制托运人姓名（名称）、地址、国家（或国家两字代号）以及托运人的电话、传真。

（9）托运人账号栏：除非承运人需要，一般情况下无须填写。

（10）收货人栏（Consignee）：填制收货人姓名（名称）、地址、国家（或国家两字代号）及收货人的电话、传真；除非最后的承运人需要，收货人账号（Consignees Account Number）栏仅供承运人使用，一般无须填写。

（11）货运单承运人的代理人栏（Issuing Carriers Agent）：填制向承运人收取佣金的国际航协代理人的名称和所在机场或城市；根据货物代理机构管理规则，该佣金必须支付给目的站国家的一个国际航协代理人，该国际航协代理人的名称和所在机场或城市必须填入本栏。

（12）运输路线（Routing）。

始发站机场（Airport of Departure and Requested Routing）：填制第一承运人地址和所要求的运输路线，注意：此栏中应填制始发站机场或所在城市的全称。

运输路线和目的站（Routing and Destination）：至第一承运人（To by First Carrier）中填制目的站机场或第一个转运点的 IATA 三字代号（该城市有多个机场，不知道机场名称时，可用城市代号）；由第一承运人（By First Carrier）中填制第一承运人的名称（全称与 IATA 两字代号皆可）；至第二承运人（To by Second Carrier）中填制目的站机场或第二个转运点的 IATA 三字代号（当该城市有多个机场，不知道机场名称时，可用城市代号）；由第二承运人（By Second Carrier）中填制第二承运人的 IATA 两字代号；至第三承运人（To by Third Carrier）中填制目的站机场或第三转运点的 IATA 三字代号（当该城市有多个机场，不知道机场名称时，可用城市代号）；如果还有之后的承运人，填写方式以此类推。

（13）目的站机场（Airport of Destination）：填制最后承运人的目的地机场全称（如果该城市有多个机场，不知道机场名称时，可用城市全称）。

（14）航班/日期（Flight/Date）：仅供承运人使用，除非当事人需要，本栏一般无须填写。

（15）财务说明（Accounting Information）：填制有关财务说明事项。付款方式为现金、支票或其他方式；用 MCO[①] 付款时，只能适用于行李运输，此栏应填制 MCO 号码，以换

① 旅费证（Miscellaneous Charges Order，MCO），也叫杂费证，是空运企业用以支付与旅客运输有关费用，如用于承兑、抵付各种服务项目和用途而填开的一种有价凭证。该凭证不得用于由一国至另一国款项的转移。目前，国际上航空运输使用两种旅费证：承运人旅费证和旅行代理人旅费证。我国航空公司只使用承运人旅费证。

取服务金额以及旅客客票号码、航班、日期及航程；代理人不得接受托运人使用MCO作为付款方式。货物到达目的站后无法交付收货人而需退运的，应将原始货运单号码填入新货运单的本栏内。

《华沙公约》

（16）货币（Currency）：填制始发国的ISO（国际标准化组织）的货币代号。除目的站国家收费栏内的款项外货运单上所列明的金额均按上述货币支付。

（17）运费代号（CHGS code）：本栏一般无须填写，仅供电子传送货运单信息时使用。

（18）运费（Charges）。

WT/VAL航空运费（根据货物计费重量乘以适用的运价收取的运费）和声明的价值附加费可预付和到付；在始发站的其他费用可预付和到付（Other Charges at Origin），打印托运人向货物运输声明的价值金额；如果托运人没有声明价值，此栏必须打印“NVD”字样。①

（19）供海关用声明价值（Declared Value for Customs）：打印货物及通关时所需的商业价值金额；如果货物没有商业价值，此栏必须打印“NCV”字样。

（20）保险的金额（Amount of Insurance）：当承运人向托运人提供代办货物保险业务时，此栏打印托运人货物投保的金额；如果承运人不提供此项服务或托运人不要求投保时此栏内必须打印“×××”。

（21）预付运费（Prepaid）：打印按货物计费重量计得的货物航空运费。

（22）到付运费（Collect）：打印按货物计费重量计得的货物航空运费。

4.11 相关法律法规

4.11.1 国际航空法条约

现行的国际航空法条约涉及航空运输的各个方面，这里主要讨论有关航空货物运输方面的条约。该条约主要是关于统一国际航空运输规则的条约，共有8个文件，总称《华沙体制》（《The Warsaw System》），在这8个文件中主要以下列3个文件为基础。

（1）《统一国际航空运输某些规则的公约》（《华沙公约》）。

① NVD（No Value Declared）指没有申明价值。

（2）《海牙议定书》。

（3）《蒙特利尔公约》。

《海牙议定书》

《蒙特利尔公约》

4.11.2 航空货物运输合同

1. 合同的概念

合同是平等主体的自然人、法人、其他组织之间设立、变更、终止民事权利义务关系的协议。①

2. 航空运输合同

航空运输合同是承运人将旅客或者货物从起运地点运输到约定地点，旅客、托运人或者收货人支付票款或者运输费用的合同。②

3. 航空货物运输合同的特征

航空货物运输合同的主体，一方是承运人，另一方是托运人，还有收货人作为特殊的第三方参与到法律关系中（在邮件运输中，另一方当事人是邮政机构）。航空货物运输合同是指当事人达成协议所确定的各自权利和义务。航空货物运输合同具有以下法律特点。

（1）航空货物运输合同为双务合同：合同划分为双务合同与单务合同。双务合同是指双方当事人彼此间可互负义务的合同；单务合同指的是指仅由一方当事人负担义务，而另一方当事人完全不负担义务。在航空货物运输合同中双方当事人都互负义务，所以航空通输合同是双务合同。

（2）航空货物运输合同为诺成合同：以合同成立的要件是否含有合同标的物给付为标准，可将合同划分为诺成合同和要物合同。诺成合同是一旦双方当事人达成合意，随即产生债的结构的合同；要物合同是指双方当事人除了必须达成合意外，还必须以实际交付合同标的物为要件，债的结构才能产生。航空货物运输合同的成立一般只需承运人与托运人就提供并完成特定运送服务达成合意，其生效以托运人完成并取得运输凭证的有关手续为标志，运输凭证仅是证明合同成立以及随即产生的承运人与托运人之间相应的法律关系客观存在的一种证据。货运合同是以托运人交付货物作为承运人履行合同义务的条件而非合同成立的条件。综上航空运输合同为诺成合同。

（3）航空货物运输合同为格式合同：其基本内容与形式均由一方当事人为与多数人订立合同而事先制定，并在其经营或管理活动中反复使用，而作为另一方当事人（或单独或

① 见《中华人民共和国合同法》第2条。
② 见《中华人民共和国合同法》第288条。

航空货物运输合同

集体）不能对合同基本内容与形式做出任何变更。

（4）航空货物运输合同为有名合同：以法律是否以特定名称命名并设有专门规范为标准划分，合同划分为有名合同（又称典型合同）与无名合同（又称非典型合同）。有名合同指法律对合同的类型与内容已做出明确规定，并赋予特定名称，合同当事人必须对法律规定的要素做出约定的合同。世界各国，航空法或合同法在航空运输合同或运送合同中对其基本要素做出了特殊规定。因此，航空货物运输合同是有名合同。

4. 其他

4.12 小结

航空货物运输是指使用民用航空器运送货物，分为国内航空运输和国际航空运输。本单元讨论了航空运输的概念以及航空运输的优劣势，同时介绍了国内外航空运输的管理部门。

关于航空运输服务的需求方面，本单元讨论了航空货物运输中货物委托人的委托流程，航空货运代理公司的作用和航空货物运输进出口流程，机场/航空公司货站出港操作流程，报关行操作流程，海关对货物的清关操作的流程，空运快件的特点，国内、国际航空货物运价构成原则等。

本单元还较详细讨论了航空货物运费的构成、计算方式等。

对于单证，本单元主要讨论了空运提单的功能以及填制的注意事项。

4.13 思考题

1. 简述航空货物运输概念。
2. 简述航空运输的优劣势。
3. 航空货物运输中货物委托人的委托流程是什么？
4. 航空货运代理人扮演了什么角色？
5. 航空货运代理是如何操作的？
6. 海关对采用航空运输的货物的管理重点是什么？
7. 航空货物运输的计费方法是什么？
8. 采用航空运输的货物的分类原则是什么？

单元1
概　述

单元2
公路货物运输

单元3
水路货物运输

单元4
航空货物运输

单元5
铁路货物运输

单元6
多式联运

单元 5　铁路货物运输

学习目标

通过学习本单元，你应该能够：

1. 了解铁路货物运输概念及其优劣势
2. 了解铁路货运设施和工具
3. 理解铁路货物的几种运输方式
4. 了解铁路货物运输的货物类型
5. 掌握铁路货物托运方式和托运方法
6. 了解如何选择铁路货运代理公司
7. 掌握铁路集装箱货运流程
8. 掌握铁路货物计费原则和方法
9. 掌握国内、国际铁路货运单证的缮制
10. 理理解国际贸易术语解释通则

5.1 铁路货物运输概念

铁路货物运输是使用铁路列车运送客货的一种运输模式，主要承担长距离、大数量的货运，在没有水运条件的地区，几乎所有大批量货物都是依靠铁路或者公路来进行运送的，铁路货物运输是在干线运输中起主力运输作用的运输形式。

中国铁路建设始于清朝末年，经过一个多世纪的建设和发展，截至 2015 年年底，中国铁路营业总里程达 12.1 万千米，规模居世界第二；其中高速铁路 1.9 万千米，位居世界第一，全国铁路复线率和电气化率分别达到 53.5%和 61.8%。

铁路是我国的重要基础设施、大众化的交通工具，在综合交通运输体系中处于骨干地位。中国地域辽阔、人口众多、资源分布不均，所以经济、快捷的铁路普遍占有更大的优势，使得铁路运输成为广泛使用的一种运输模式。

中国铁路的几次大提速使中国铁路进入高铁时代。高铁时代的中国铁路等级划分为高铁级、国铁Ⅰ级（含快铁和干线型普铁）、Ⅱ级、Ⅲ级，地铁Ⅰ级、Ⅱ级。中国铁路列车分为普速列车系列、快速列车系列、高速列车（CRH）系列。

2013 年 3 月起，根据第十二届全国人民代表大会第一次会议的议案，将原铁道部拟定铁路发展规划和政策的行政职责划入交通运输部；组建国家铁路局，由交通运输部管理，承担铁道部的其他行政职责；组建中国铁路总公司，其承担铁道部的企业职责，共同管理中国铁路。

5.2 铁路货物运输的特点

铁路是国民经济的大动脉，铁路运输是现代化运输业的主要运输模式之一，它与其他运输模式相比较，具有以下主要特点。

（1）铁路运输的准确性和连续性强。铁路运输几乎不受气候影响，一年四季可以不分昼夜地进行定期的、有规律的、准确的运转。

（2）铁路运输速度比较快。铁路货运速度每昼夜可达几百千米，一般货车可达 100 千米/小时左右，远远高于海上运输。

（3）运输量比较大。在铁路运输的一列货物列车一般能运送 3000~5000 吨货物，远远高于航空运输和汽车运输。

（4）铁路运输成本较低。铁路运输费用仅为汽车运输费用的几分之一到十几分之一，运输耗油约是汽车运输的二十分之一。

（5）铁路运输安全可靠，风险远比海上运输小。

（6）初期投资大。铁路运输需要铺设轨道、建造桥梁和隧道，建设工程艰巨复杂；需要消耗大量钢材、木材；且需要占用土地，其初期投资远超过其他运输模式。

5.2.1 铁路货物运输的优势

（1）安全；

（2）不受天气的影响；

（3）中长距离运货运费低廉；

（4）运输批量大；

（5）节能；

（6）相对于其他运输模式来说，对环境污染小。

5.2.2 铁路货物运输的劣势

（1）不适于短距离运货；

（2）货车中途作业需要时间；

（3）运费没有伸缩性；

（4）不能实现“门到门”运输；

（5）车站固定，无法随处停车；

（6）货物滞留时间长。

5.3 铁路货运设施和工具

5.3.1 车辆

铁路车辆按照用途分为铁路客车、铁路货车两大类。

1. 铁路客车①

（1）铁路客车指运送旅客用的车辆，如硬座车、软座车、硬卧车、软卧车。

（2）旅客服务的车辆，如餐车、行李车等。

（3）特种用途的车辆，如邮政车、公务车、医务车等。

2. 铁路货车

（1）铁路货车类型较多，随所装货物种类的不同而具有不同的车型，可分为通用货车和专用货车。

（2）通用货车：敞车、棚车、平车等。

（3）专用货车：只适用于装一种或少数几种性质相近的货物，如罐车、冷藏车、矿石车、水泥车、活鱼车、长大货物车等。

（4）铁路车辆按轨距不同还可分为准轨车、宽轨车和窄轨车。

（5）按车辆具有的轴数分为四轴车、六轴车和多轴车。

（6）按制作材料分为钢骨车和全钢车等。

3. 车辆组成

铁路车辆②类型很多，构造各不相同，但从结构原理分析，车辆一般均由下列五部分组成。

（1）车体及车底架：车体是容纳旅客或货物的部分，固装在车底架上。车底架是车体的基础，由各种纵向梁和横向梁组成。车体与车底架构成一个整体，支撑于转向架上。

（2）转向架：由两个或两个以上的轮对组成，并安装弹簧及其他部件，从而组成一个独立结构的小车，称为转向架。

（3）车钩缓冲装置：由车钩及缓冲装置等组成，安装在车底架两端的中梁上。

---

① 对于铁路客运本单元不再讨论。

② 通常车辆俗称为“车皮”。

（4）制动装置：制动装置的功用是保证高速运行的列车能减速，并在规定的距离内停车。

（5）车辆内部设备：主要是指在客车上为旅客提供旅行必需的设备，如供水、暖气、通风、照明以及空气调节等装置。货车内部设备一般比较简单，主要是根据各货车的用途而设的附属装置。

为了表示车辆的类型及其特征，便于使用和运行管理，在每一铁路车辆车体外侧都应具备所规定的标记。一般常见的标记主要有路徽、车号、配属标记、自重、载重、容积、车辆全长及换长、定期检修标记等。货车车号采用 7 位数字代码，按照车种、车型进行编排，每辆货车的车辆编码在全国具有唯一性。

5.3.2 机车

（1）按动力分可分为内燃机车和电力机车。

内燃机车：柴油机、燃气轮机通过传动装置驱动的机车属于自带能源式机车，内燃机车已被淘汰。

电力机车：可经电弓获得电能并由牵引电动机通过传动装置驱动，属于非自给式机车。

（2）按机车用途可分为货运机车、客运机车和调车机车。

（3）按动力配置分可分为动力集中型和动力分散型。

动力集中型：东风系列、韶山系列。

动力分散型：将部分动力设施安装在带动力的车辆上，带动力设施的叫动车，不带动力设施的叫拖车。

5.3.3 轨道

1. 铁路轨道简称路轨、铁轨、轨道等

铁路轨道主要用于铁路上，并与转辙器合作，可令火车无须转向便能行走。铁路轨道通常由两条平行的钢轨组成，钢轨固定放在轨枕上，轨枕之下为路碴。通过轨撑、扣件、压轨器、道夹板、弹条、铁路道钉等铁路配件紧固。

铁路路轨是以钢铁制成的路轨，可比其他物料承受更大的重量。轨枕亦称枕木、灰枕

或路枕，功用是将钢轨的重量及钢轨所受压力分开散布，以及保持固定轨距、维持路轨的轨距。原先是木枕，现在是混凝土枕。

2. 轨距

轨距为两根钢轨头部内侧间与线路中线垂直方向上的距离，在轨顶面规定以下的部位量取。中国规定直线地段的标准轨距为1435毫米，允许误差为-2～+6毫米，每米距离内不可有超过2毫米的差异。

我国轨距为1435毫米，俄罗斯、蒙古为1524毫米，越南为1435毫米/1000毫米。中俄、中蒙和中哈铁路间通道分别为1435毫米（我方）和1520毫米（外方）轨距。目前只有到越南安员车站可以原车过轨直接运输，其余铁路口岸均需换装和交接货物。①

5.3.4 车站

铁路车站简称铁路站，口语惯称火车站，是供铁路列车停靠的地方，用以装卸货物或乘客乘车。月台可粗略地分为岛式月台、侧式月台、港湾式月台、跨站式站房、特殊车站、号志站。大部分的铁路车站都在铁路的旁边或者路线的终点。部分铁路车站除了供乘客及货物上落外，亦会提供机车及车辆维修或添加燃料的设施。多家铁路公司一起使用的车站一般称为联合车站或转车站。有时转车站亦指可供其他交通工具（如电车、公共汽车或渡轮）转乘的车站。

5.3.5 专用通信设备

专用通信设备包括GSM-R机车综合无线通信设备、HY-473库检电台、无线列调系统、列调系统测试设备等。

5.3.6 装卸设备

铁路运输货物时平均每500千米发生一次装卸作业，在各铁路车站配置相应装卸机具以方便货主装卸货物，但一般只配置通用装卸机具，如龙门吊机、叉车等。有些车站的货运发量、到货量很少，全部配备专用设备是不可能的，所以只能在相应车站配备。

---

① 参见中国国际货运代理协会，《国际陆路货运代理与多式联运理论与实务》，中国商务出版社2015年版。

5.4 铁路货物发运形式

铁路运输货物以批为单位。一批就是一个运输单位，也是承运人计算货物运输费用的一个单位。一批货物的托运人、收货人、发站、到站、装卸地点必须相同（整车分卸的货物可以例外）。不能按一批办理的情况如下：

（1）易腐货物与非易腐货物；

（2）危险货物与非危险货物；

（3）根据货物性质，不能混装运输的货物；

（4）保价运输货物与非保价运输货物；

（5）投保运输险与未投保运输险的货物；

（6）运输条件不同的货物。

铁路运输的货物有以下几种运输方式：

（1）零担运输；

（2）整车运输；

（3）集装箱运输；

（4）驮背运输；

（5）五定班列；

（6）联运货物。

5.4.1 零担运输

零担货物是指一张货物运单（一批）托运的货物重量或容积装不满一车（即不够整车发运条件），可与其他数批货物共用一辆货车装运的货物。

一般不予办理零担货物运输的货物有：

（1）易燃、易爆、剧毒及放射性等危险物品；

（2）易破损、易污染、易腐烂及鲜活物品。

为了加速零担货物的运送，合理使用车辆，根据零担货物的流向流量、运距长短、集结时间和车站作业能力等因素，可将零担货物的运输方式分为整装零担车（简称整零车）

和沿途零担车（简称沿零车）。

零担货物运输的限制条件如下。

（1）零担货物指一次托运且计费重量不足3吨的货物。

（2）零担货物中一件货物的体积不得小于0.02立方米。但一件货物重量在10千克以上时，则不受此最小体积限制。

（3）货物的长、宽、高分别不超过3.5米、1.5米和1.3米。

（4）零担货物每批件数不得超过300件。

（5）不易于计算件数、运输途中有特殊要求、易于污染其他物品的货物，不得按零担办理。

（6）托运人应在每件货物上做清晰的标记（即货签），以便在作业中识别。

（7）货物的重量由铁路方面确定，但对于标准重量、标记重量或附有过磅清单的零担货物，允许托运人确定重量，但铁路方面要进行复查和抽查。

（8）一般情况下不允许派押运人。

5.4.2 整车运输

考虑货物的重量、体积或形状需要以一个或一个以上的车辆装运时，应采用整列车辆运送的形式，整车货物以一车为一批（但跨装①、爬装②及使用游车③的货物，可以以每一车组为一批）。托运人向铁路承运人委托整车运输时，应按整车运输的方式向铁路承运人办理托运手续。

整零车又分为直达整零车和中转整零车。

（1）直达整零车：装载的货物不经过中转站中转，可以直接运到站。全车所装的货物到达一个站的，叫一站直达整零车，全车所装的货物到达两个站的，叫两站直达整零车。

（2）中转整零车：装载的货物为同一去向但其所到站分散。组织中转整零车应尽可能将货物装运到距离货物到站最近的中转站，以减少中转次数。

此外，为了及时运送零散的长大、笨重或危险货物，整零车中还有同一路径的三站直

① 跨装指长大货物不可拆解，需由两辆或两辆以上平车实行跨装运输。

② 爬装与跨装类似，爬装主要针对汽车运输，一般把后一辆车头骑在前一辆车厢里。

③ 游车是因货物长度关系而加挂的不承载超限、超长货物重量的平车。游车一般不承载货物，用于货物长度大于车辆长度或者货物长度影响最小曲线时的装载限界，起到隔离作用。

达整零车或三站中转整零车。

《铁路货物运输规程》规定，下列货物需要按整车办理。

（1）需要冷藏、保温或加温运输的货物。

（2）规定按整车办理的危险货物。

（3）易于污染其他货物的污秽品，如未经消毒处理或未使用密封不漏包装的牲骨、湿毛皮、粪便、炭黑等。

（4）不易计算件数的货物，如一批货物中每件大小不一等。

（5）蜜蜂以及未装容器的活动物，铁路局管内按零担运输办法承运的除外。

（6）经发站确认重量超过 2 吨、体积超过 3 立方米或长度超过 9 米、不会影响中转站和到站装卸车作业的货物除外。

5.4.3 集装箱运输

集装箱运输是指将不会损坏箱体、能装入箱内的货物装入集装箱，使之成为整列的集装箱运输。集装箱货物以每张货物运单所托运的集装箱数为一批，每批货物必须是同一集装箱，至少一箱，最多不超过不能超过铁路一列车所能装运的最多箱数。

铁路集装箱参数表

箱的重量、大小不同，车辆所装箱数也不同，如车辆可载 56 个 1 吨箱，6 个 5 吨箱，6 个 6 吨箱，4 个 10 吨箱，2 个 20 吨箱，1 个 40 吨箱。

5.4.4 驮背运输

驮背运输是公路和铁路的联合运输一种方式，货运汽车或集装箱直接开上火车，到达目的地再从火车上开下。该运输方式运用于铁路货物运输领域，在北美和欧洲已经十分普遍。

三种驮背运输如下。

1. 拖车与挂车

货物装在挂车里，用拖车运到车站。在火车站，挂车被运上火车的平板车箱，拖车则与挂车分离。在目的地车站，再使用拖车将挂车拖运到收货人的仓库。

2. 挂车列车

挂车列车是公路和铁路两用的一种挂车，这种公铁两用挂车在公路上用自己的轮子挂

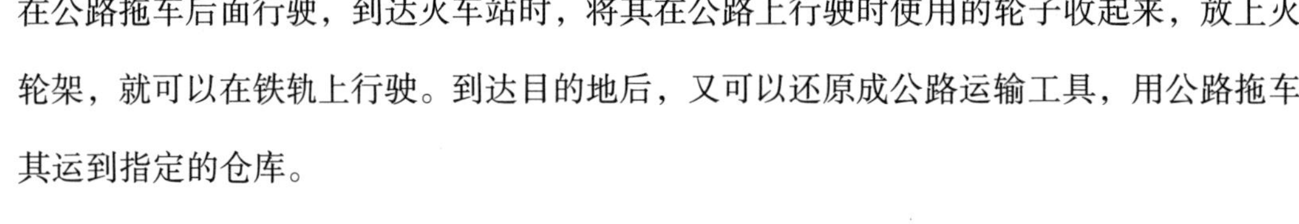

在公路拖车后面行驶，到达火车站时，将其在公路上行驶时使用的轮子收起来，放上火车轮架，就可以在铁轨上行驶。到达目的地后，又可以还原成公路运输工具，用公路拖车将其运到指定的仓库。

铁路驮背运输

3. 铁公路

铁公路是指自己有动力、能够行驶和自动装货的火车车厢，它不需要机车、吊车和转辙装置，而是自带一套独特的装货设备。

5.4.5 五定班列

五定班列是指定点（装车站和卸车站固定），定线（运行线固定），定车次（班列车次固定），定时间（货物发到时间固定），定价（全程运输价格固定）的运输方式。铁路货物运输的五定班列适用于整车、集装箱货物。

5.4.6 联运货物

联运货物是指铁路和水路联运整车货物，该批货物的重量在 30 吨以上（包括 30 吨）或体积在 60 立方米以上（包括 60 立方米）或其重量、体积、形态虽不能满足上述规定，但需使用单独车皮运输，该批货物重量最少不少于 20 千克，每件货物体积最小不小于 0.01 立方米（一件货物重量在 10 千克以上的除外），每件货物长度最长不超过 7 米。

5.5 铁路货物类型

铁路运输货物类型主要有两种，即普通货物和特殊货物。

5.5.1 普通货物

普通货物指在铁路运送过程中，按一般条件办理运输的货物，如煤、粮食、木材、钢材、矿建材料等。

5.5.2 特殊货物

特殊货物是指按特殊条件办理运输的货物，由于货物的性质、体积、状态等在运输过程中需要使用特别的车辆装运或需要采取特殊的运输条件和措施，才能保证货物完整和行车安全，如超长、集重、超限，危险和鲜活货物。具体分为以下三类。

铁路危险货物的运输

铁路鲜活货物的运输

1. 超长、集重和超限的货物

超长货物是指货物的长度超过装运的平车的长度，需要使用游车或跨装的货物；集重货物是指装车后其重量不是均匀地分布在车辆的底板上，而是重量集中在底板的一小部分上的货物；超限货物是指货物装车后，车辆在平直的线路上停留时，货物的高度和宽度超过机车车辆限界或者货车行经半径为300米的铁道曲线时，货物的内侧或外侧的计算宽度超过机车车辆限界，以及超过特定区段的装载限界。

2. 危险货物

危险货物是指具有爆炸、易燃、毒害、腐蚀、放射性等特性，在运输、装卸和储存保管过程中，容易造成人身伤亡和财产毁损，因而需要采取制冷、加温、保温、通风、上水等特殊措施，以防止腐烂变质。

3. 鲜活货物

鲜活货物分为易腐货物和活动物两大类。托运人托运的鲜活货物必须品质新鲜、无残损，包装要能保证货物运输安全，使用的车辆和装载方法要适应货物性质，并根据需要采取预冷、加冰、上水、押运等措施，以保证货物的质量。

5.6 铁路货物托运

由于货物形态和性质不同，铁路承运人对货物托运的要求也不同，大致可以分为按一批货物托运和按运输形式托运两种方式。

5.6.1 按一批货物托运

按一批货物托运的货物必须是托运人、收货人、发站、到站和装卸地点相同的货物（整车分卸货物除外）。整车货物以每辆车为一批，跨装的货物以每一车组为一批。直通运输的整车货物中每辆车的重量和体积规定如下。

（1）重质货：每批重量规格为30吨、50吨、60吨（不适用货车增载的规定）。

（2）轻浮货：每批体积规格为60立方米、95立方米、115立方米。

5.6.2 按运输形式托运

（1）整车托运；

（2）快件托运；

（3）集装箱托运；

（4）水陆联合运输[①]。

1. 整车托运

一批货物的重量、体积或形态需要以一辆30吨以上货车运输时，应按整车托运。但是有的货物由于性质特殊或在途中需要特殊照料或受到铁路条件限制，尽管不够整车运输条件也应按整车托运，需要整车托运的货物如下：

（1）需要冷藏、保温或加温运输的货物；

（2）规定中需按整车办理的危险货物；

（3）易于污染其他货物的污染品；

（4）不易计算件数，只能按重量承运的散装、堆装货物；

（5）未装容器的活动物；

（6）蜜蜂；

（7）一件货物重量超过2吨、体积超过3立方米或长度超过9米的长大笨重货物。

2. 快件托运

与零担运输相似，铁路快件托运的限定条件：一批货物的重量、体积或形态不够整车运输条件时，应按零担托运。具体规定如下。

（1）一件货物的体积不得小于0.02立方米（一件重量在10千克以上的货物除外）。

（2）每批不能超过300件货物。

（3）经发站确认不影响中转站和到站装卸作业、每件重量超过2吨、体积超过3立方米、长度超过9米的货物。

（4）经路局确定在管区办理的、未装容器的活动物。

（5）限定按整车班列的危险货物、经路局接受或使用爆炸品保险箱包装的货物按零担办理。

---

① 联合运输将见多式联运单元内容。

（6）在专用线发运零担货物时，其运输条件、组织办法都必须符合零担运输的有关规定。

3. 集装箱托运

符合集装箱托运条件的以贵重、易碎、怕湿货物为主的适箱货物，在铁路规定的集装箱办理站办理相关手续。集装箱托运的注意事项如下。

（1）每一批必须是同一吨位的集装箱且至少按一箱托运。

（2）使用托运人自备箱托运货物时，必须在货物单发货人记载事项栏内注明“托运人自备箱”字样。

（3）货物的重量不得超过集装箱容许装载的重量，即 1 吨箱装 810 千克货物、5 吨箱装 4200 千克货物、6 吨箱装 5060 千克货物、10 吨箱装 8382 千克货物、20 吨箱装 17920 千克货物。

下列货物不得使用集装箱运输。

（1）容易污染箱体的货物（托运人自备箱除外）。

（2）易于损坏箱体的货物（托运人自备箱除外）。

（3）鲜活货物（经铁路局确定在一定时间或区域内，可以使用集装箱运输的除外）。

（4）危险货物（不包括《危险货物品名索引表》内注明“•”符号的货物可按普通活物条件运输）。

5.7 货物包装和标记

（1）货物包装的要求：托运货物应根据货物的性质、重量、运输种类、运输距离、气候差异以及货车装载等，使用符合运输要求、便于装卸作业和保证货物安全的包装。有国家标准或部颁标准的货物包装按其要求进行包装。暂无国家标准或部颁标准的货物包装应在保证货物安全的前提下，与铁路有关部门协商后确定，否则不能托运。

（2）货物标记（货签）是指为了建立货物与其运输票据的联系而在托运零担货物时，在每件货物上书写、粘贴、拴挂或钉固的标记。标记的内容包括运输号码、到站、收货人、货物名称、货物件数和发站。不适宜使用纸标记的货物应使用布质、木质、金属或塑料等较坚韧的材料或用油漆进行标记。

托运人还应根据货物的性质，按国家标准在货物包装上做好储运图示标记。必须把货件上与该批货物无关的运输标记和包装标记消除。

5.8 铁路货运代理公司

选择铁路货物运输代理公司与选择海运货运代理公司相似，需要关注以下几个方面。

（1）要选择那些信誉度及知名度较高的铁路货运代理公司，这些公司往往和铁路货物运输部门关系密切。

（2）铁路货运代理公司的资质、批准证书、注册资金和规模是必备的硬性条件。

（3）索取货运公司的营业执照、税务登记证及其他相关的批准件的复印件，以确认该公司是否具有从事国内、国际铁路货运代理的资质。

（4）亲自走访铁路货运代理公司，从规模、人员和办公设施等可以进行直观了解。

（5）了解该铁路货物运输代理的国内外网络，要确认该公司网络是可靠的，否则当货物灭失，尤其当大宗商品损失时，货运代理公司通常不大可能进行赔偿。

5.9 铁路集装箱货运流程

铁路集装箱货物运输作业基本流程如图 5-1 所示。

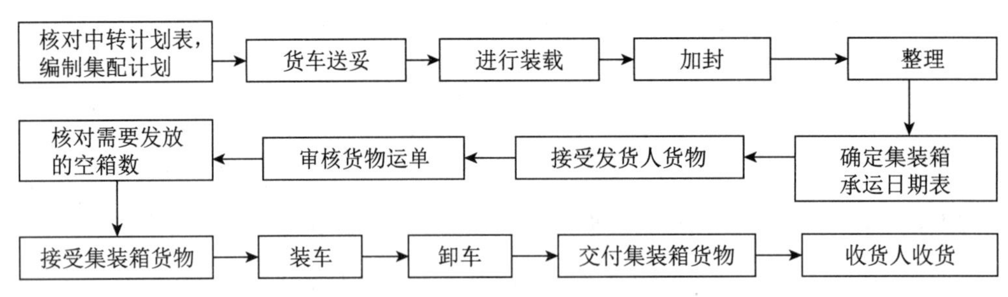

图 5-1 铁路集装箱货物运输作业基本流程

（1）核对中转计划表，确定中转车的去向，审核到达货票，并根据到达待送车的货票统计中转集装箱去向，确定其新去向后编制集配计划，并结合送车顺序，确定中转车作业顺序，传达中转作业计划。货运员和装卸工组对计划进行复查核对，做好作业前的准备。在复查中不但要对数字进行复查，还要检查箱体、铅封状态、标签、箱号是否与箱票记载一致。

（2）货车送妥后开始进行集装箱中转作业，根据中转作业计划，首先卸下落地箱，其次将过车箱装载到车上，最后整理仍在车上的其他货箱。在进行车内整理作业时，要检查留于车内的集装箱的可见箱体和铅封状态，以便划分责任。

（3）进行装载，然后加封。

（4）中转的整理工作是指中转作业结束后对中转工作质量的检查，也是下一次作业的开始。主要包括整理货运票据、填报表、复查中转作业完成的质量。

铁路集装箱运输规则

（5）确定集装箱承运日期表，集装箱承运日期表是集装箱计划组织运输的重要方式，其作用在于使发货人明确装往某一方向或到站的装箱日期，有计划地安排货物装箱以及准备短途搬运工具等。

（6）接受发货人货物后由货运公司审核货物运单。审核的方法包括随时受理、集中受理、驻在受理和电话受理。①

（7）审核货物运单内容包括货物能否装载集装箱运输，到站能否受理该吨位、种类、规格的集装箱，应注明的事项是否准确、完整，有关货物重量、件数、尺码等是否按规定填写等。

（8）发送货运员在接到运单后，应核实批准进箱日期，审核运单填写是否准确，并根据货物数量核对需要发放的空箱数，不符时应向受理货运员核实；对实行“门到门”运输的货物，应开具集装箱“门到门”运输作业单并交给发货人，填写集装箱“门到门”运输登记簿；会同发货人共同检查空箱箱体状态，发货人在集装箱“门到门”运输作业单上签字后领取空箱；货物装箱后，由发货人关闭箱门并在规定的位置悬挂标签并进行加封；加封后，应将封志环节插入封盘落销。

（9）在接受集装箱货物时，必须对装载的集装箱货物进行逐箱检查，符合运输要求的才能接受承运。②

（10）在装车前，装车货运员对车体、车门、车窗进行检查，看是否过了检查期，有无运行限制，是否清洁等；装车时，装车货运员要做好监装，检查待装的箱子和货运票据

① 随时受理：指按装箱计划或承运日期表规定的日期，在货物运单上批注进箱日期，然后将运单退还给发货人；集中受理：指受理货运员根据货物运单，按去向、到站分别登记，待凑够一车集中一次审批，并由发货人取回运单；驻在受理：指车站在货源比较稳定的工厂、工矿区设受理室，专门受理托运的集装箱货物；电话受理：指车站货运室根据发货人电话登记托运的货物，统一集配。

② 所谓承运是指发货人从将货运的集装箱货物移交铁路开始，到将货物交给收货人为止的过程。

是否相符、齐全、准确，并对箱体、铅封状态进行检查；装车后，要检查集装箱是否满足安全运送的要求；装车完毕，要填写货车装载清单、货运票据，除填写一般内容的外，还应在装载清单上注明箱号，在货运票据上填写箱重总和。

（11）做好卸车前的准备工作，首先要核对货运票据、装载清单等与货票是否相一致。然后确定卸车地点，并确定卸箱货位，还应做好货运检查，检查箱子外表情况和铅封是否完整，最后进行卸车，对棚车进行启封，并做好监卸，填写卸货报告，同时做好复查和登记。

（12）交货时，交箱货运员在接到转来的卸货卡片和有关单据后，与车号、封号、标签进行核对，核对无误后通知装卸组交货，收货人收货。

（13）收货人在收到货物后应在有关单据上加盖“交付讫”的戳记。对实行“门到门”运输的集装箱货物，应填写集装箱“门到门”运输作业单，并由收货人签收。应检查收货人返回的空箱的箱体状况，并在“门到门”运输作业单上盖章。①

电子货票的逐步实施使以上的铁路运输单据的流转大幅度简化，纸介质单据将逐步停止使用。铁路单据的电子化缮制和传输极大地方便了当事人的实务操作。

5.10　铁路运输货物计费原则和方法

国家铁路（包括国家控股的地方铁路、合资铁路）货物运价由国务院铁路主管部门拟订，国务院批准。非国家控股的地方铁路、合资铁路的货物运价由所在地省物价局批准。铁路货运营运杂费收费标准及项目由国务院铁路主管部门规定。②

目前，我国正在深化铁路货运价格市场化改革。为充分发挥市场在资源配置中的决定性作用，促进铁路运输行业持续健康发展，我国将决定扩大铁路货运价格市场调节范围，简化运价结构、完善运价体系。国家发展改革委公布了“铁路整车货物运输基准运价率”和“实行市场调节价的铁路整车运输货物品类”。铁路货运正走向市场化，铁路服务转为以货主为主、以流程为中心，实行电子货票极大地方便了当事人。

铁路货物运费的计算需要考虑的要素有很多，如货类、货量、里程、线路、货物的包装/容器和发货人等。

① 鉴于非集装箱货类的复杂性，该流程可以参考相关规定，本模块未做具体讨论。

② 参见《中华人民共和国铁道部铁路货物运价规则》，铁运〔2005〕46号。

5.10.1 普通货物运费

货物运价按其适用范围可以分为普通运价、特殊运价、国际联运运价和军运运价。

（1）普通运价是铁路货物运价的基本形式，是铁路计算运费的统一运价，凡在路网上办理正式营业的铁路运输线上都适用统一运价。现行铁路的整车货物、零担货物、集装箱货物、冷藏车货物的运价都属于普通运价。普通运价是计算运费的基本依据。一些需要特殊条件运送的货物将按普通运价加收或减收一定比例计算运价。

（2）特殊运价是指地方铁路、临时营业线和特殊线路的运价，如大秦线的煤炭运价。

（3）国际联运运价是指为铁路国际联运的货物所规定的运价，包括国内段运输运价和过境运输运价，国内段运输运价同普通运价，过境运输运价根据国际联运有关规定计算。

（4）军运运价是指对军事运输中军运物资所规定的运价。

铁路货物运费的计算包括以下要素。

（1）货物运费的计费重量：整车货物以吨为单位，吨以下四舍五入；零担货物以10千克为单位，不足10千克进为10千克；集装货物以箱为单位。运费是按照重量计算的，在运输行业中货物分为重质货和轻浮货。轻浮货，俗称轻泡货，反之为重质货，需要把轻浮货换算成重量来计算运费。其确定的原则是每立方米货物的重量约为300千克，即每立方米货物的重量大于或等于300千克，称其为重质货，每立方米货物的重量不足300千克，称为轻浮货。计费原则取两者中数目大的作为收费依据，俗称作择大计收，此为承运人的收费惯例，例如标重为50吨的车装40吨的货物时，计费重量为50吨，标重为50吨的车装51吨的货物时，计费重量为51吨。

（2）根据货物运单上填写的货物名称查找《铁路货物运输品名分类与代码表》《铁路货物运输品名检查表》，以确定适用的运价号。

（3）整车、快运货物按货物适用的运价号进行计费，集装箱货物根据箱型进行计费；冷藏车货物根据车种分别在《铁路货物运价率表》中查出适用的运价率，即基价1和基价2①。

基价1（发到基价）：货物在发站及到站进行作业时单位重量（箱数）的运价。它只与计费重量（箱数）有关，与运价里程无关。

① 基价1指发到基价；基价2指运行基价。

基价 2（运行基价）：指货物在途运输期间单位重量（箱数）每运一千米的运价，它既与计费重量（箱数）有关又与运价里程有关。

（4）铁路整车货物运输基准运价率如表 5-1 所示。

表 5-1　　铁路整车货物运输基准运价率

运价号	基价 1		基价 2	
	单位	标准	单位	标准
1	—	—	元/吨公里	0. 525
2	元/吨	9. 50	元/吨公里	0. 086
3	元/吨	12. 80	元/吨公里	0. 091
4	元/吨	12. 30	元/吨公里	0. 098
5	元/吨	18. 60	元/吨公里	0. 103
6	元/吨	26. 00	元/吨公里	0. 138
7	元/吨	20. 00	元/吨公里	0. 140

铁路整车货物运输基准运价率

（5）货物运费计算公式。

非集装箱货物运费计算公式如下：

非集装箱货物运费 ＝（基价 1+基价 2×运价里程）×计费重量（箱数）

货物适用的基价 1 加上基价 2 与运价里程的乘积，再与按《铁路货物运价规则》确定的计费重量（集装箱为箱数）相乘，计算出运费。

举例如下。

从安阳托运一台机器，其重为 26 吨，使用一辆 60 吨货车将其装运至徐州北。计算其运费。

解：查《货物运价里程表》可知安阳至徐州北的运价里程为 556 千米，查相关货物运输品名分类与代码表可知机器运价号为 6 号；查《货物运价率表》可知 6 号的基价 1 为 14. 60 元/吨，基价 2 为 0. 072 4 元/吨公里，计费重量为 60 吨。

运费=（14. 6+0. 072 4×556）×60=3291. 26 ≈3 291. 30 元

（6）货物运费杂费按实际发生的项目和相关的《铁路货运营运杂费费率表》核收。

铁路建设基金、铁路新路新价均摊运费和电气化附加费公式如下：

铁路建设基金 ＝ 基金费率×计费重量（箱数或轴数）×运价里程

铁路新路新价均摊运费 ＝ 均摊费率×计费重量（箱数或轴数）×运价里程

电气化附加费 = 附加费率×计费重量（箱数或轴数）×电气化里程

5.10.2 快运货物运费

快运货物运费按《货物运价率表》规定的该批货物运价率的 30%计算。整车货物以吨为单位，吨以下四舍五入；快运货物计费重量以 10 千克为单位，不足 10 千克按照 10 千克计算；大件货物各地收费有不同的优惠政策，一般按照铁路的重质货和轻浮货的原则计算运费，但下列货物不在此列。

（1）有规定计费重量的货物按规定计费重量计费。

（2）《铁路货物运输品名分类与代码表》中“童车”“室内健身车”“209 其他鲜活货物”“9914 搬家货物、行李”“9960 特定集装化运输用具”等按货物重量计费。

5.10.3 集装箱运费

铁路集装箱运费是指集装箱货物以铁路为运输工具进行运输时所产生的费用。铁路集装箱货物运输费有两种计算方法。一种是常规计算法；另一种是集装箱运输一口价计算方法，集装箱运费还要考虑其他要素。

1. 常规计算法

集装箱货物运费=基价 1+基价 2×运价里程

计算步骤：集装箱分箱型按《货物运价率表》确定适用的基价 1 和基价 2，按《货物运价里程表》确定发站至到站的运价里程，从而根据上述公式计算出每箱运价。

2. 集装箱运输一口价计算法

集装箱运输一口价由发送运输费用、发站其他费用和到站其他费用三部分组成①。集装箱运输一口价不包括要求保价运输的保价费用、快运费用、装掏箱综合作业费用、专用线装卸作业的费用、集装箱到站后超过免费暂存期后产生的费用和由于托运人或收货人的责任而发生的费用。

---

① 发送运输费用：除押运人乘车费、过秤费、保价费外，零担运费中出现的费用全部包含在发送运输费用中，发送运输费用是这些费用相加之和；发站其他费用：指集装箱装卸综合作业费、运单表格费、货签表格费、施封材料费、组织服务费之和；到站其他费用：指集装箱装卸综合作业费、铁路集装箱清扫费、护路联防费、地方铁路的到达运费、自备集装箱管理费和合资铁路或地方铁路的到达运费、自备集装箱管理费、合资铁路或地方铁路的集装箱使用费等，依实际情况而定。

（1）按箱型分：1 吨箱、5 吨箱、6 吨箱、10 吨箱、20 吨箱、40 吨箱①。

（2）按箱主分：铁路集装箱、自备集装箱。

（3）按类型分：通用集装箱、专用集装箱。

集装箱以箱为单位，其运费按照使用的箱数和《货物运价率表》中规定的集装箱运价率计算，但危险货物集装箱、罐式集装箱、其他铁路专用集装箱的运价率按该表的规定分别加 30%、30%、20%后计算。

自备集装箱空箱运价率按其适用重箱运价率的 50%计算。承运人利用自备集装箱回空捎运货物，需在货物运单铁路记载事项栏内注明，免收回空运费。

5.10.4 长大货物运费

使用铁路长大货物车（D 型）装运货物时，除核收运费外，还应核收以下费用。

（1）按确定的计费重量、运价里程核收长大货物车使用费。

（2）按货车轴数核收长大货物车回送费，托运人取消托运时，仍核收此项费用。

运输超限货物时，发站应将超限货物的等级在货物运单的货物名称栏内注明，按下列规定计费。

（1）一级超限货物：按运价率加 50%计费。

（2）二级超限货物：按运价率加 100%计费。

（3）超级超限货物：按运价率加 150%计费。

（4）需要限速运行的货物（不包括仅通过桥梁、隧道、出入站线限速运行的货物），按运价率加 150%计费。

5.10.5 专用线运费

计算专用线运费，应自车站中心线起算到交接地点或专用线最长线路终端止，合计往返里程且取车不另收费。

① 将长度 20 英尺以上（含 20 英尺）的集装箱称为大型集装箱。

5.11 国内、国际铁路货运单证

本节把铁路货运单证分为国内和国际两部分讨论，其中以国际铁路货运单证为重点。

5.11.1 国内铁路货运单证

国内铁路货运单证主要有货物运单（普通）、铁路货物运输货票等。

货物运单（普通）如图 5-2 所示。

货物运单

货物指定于　　月　　日搬入
货位：
计划号码或运输号码：
运到期限　　日

××铁路局
货　物　运　单

托运人→发站→到站→收货人

承运人/托运人装车
承运人/托运人施封

货票第　　号

托运人填写						承运人填写				
发站		到站（局）				车种车号			货车表准	
到站所属省（市）自治区				电话		施封号码				
托运人	名称					经由	货车表准			
	住址		电话				集装箱号码			
收运人	名称					运价里程				
	住址		电话							
货物名称	件数	包装	货物价格	托运人确定重量（kg）		承运人确定重量（kg）	计费重量	运价号	运价率	运费
合计										
托运人记载事项：						承运人记载事项：				

注：本单不作为收款凭证，托运人签约须知见背面。
规格：350mm×185mm

托运人盖章或签字
年　月　日

到站交付日期戳

发站承运日期戳

领货凭证

车种及车号
货票第　号
运到期限　　日

发站		
到站		
托运人		
收货人		
货物名称	件数	重置
托盖章或签字		
发站承运日期戳		

注：收货人领货须知见背面

图 5-2　货物运单（普通）

铁路货物运输货票印有固定号码，分甲、乙、丙、丁 4 联。

（1）甲联留在发站以备存查，作为本站统计和管理的依据。

（2）乙联上报分局供审核、记账用。

（3）丙联交给托运人作为承运和报销凭证。

（4）丁联为运输凭证，由发站随货物递交到站存查，到站后由收货人签章交付并作为完成运输合同的唯一依据。

铁路货物运输货票如图 5-3 所示。

× × 铁路局

计划号码或运输号码　　货　票　　甲　联

货物运到期限　日　　发站存查　　A00001

发　站		到站（局）		车种车号		货车标重		承运人/托运人装车	
托运人	名称			施封号码				承运人/托运人施封	
	住址		电话		铁路货车篷布号码				
收货人	名称			集装箱号码					
	住址		电话		经由		运价里程		

货物名称	件数	包装	货物重量/kg		计量重量	运价号	运价率	现　付		
			托运人确定	承运人确定				费　别	金　额	
								运　费		
								装　费		
								取送车费		
								过秤费		
合　计										
集装箱号码										
记　事								合　计		

发站承运日期戳

图 5-3　铁路货物运输货票

5.11.2　国际铁路货运单证

国际铁路货物运输中的各种单据基本上分为两个部分，即外贸（包括海关、商检、进出口单证等）商务单据和铁路运输单据。[①]

国际货协运单是国际铁路货物联运最重要的文件之一。国际铁路货物联运必须使用国际货协统一制定的国际货协运单。国际货协运单由国际货协参加国铁路统一制定使用，填写时使用发运国和国际货协所使用文字填写（现使用文字是中文、俄文，还可采用英文、德文或法文中的一种）。

① 外贸商务单据不在本节讨论，铁路运输单据以铁路国际货运为主。

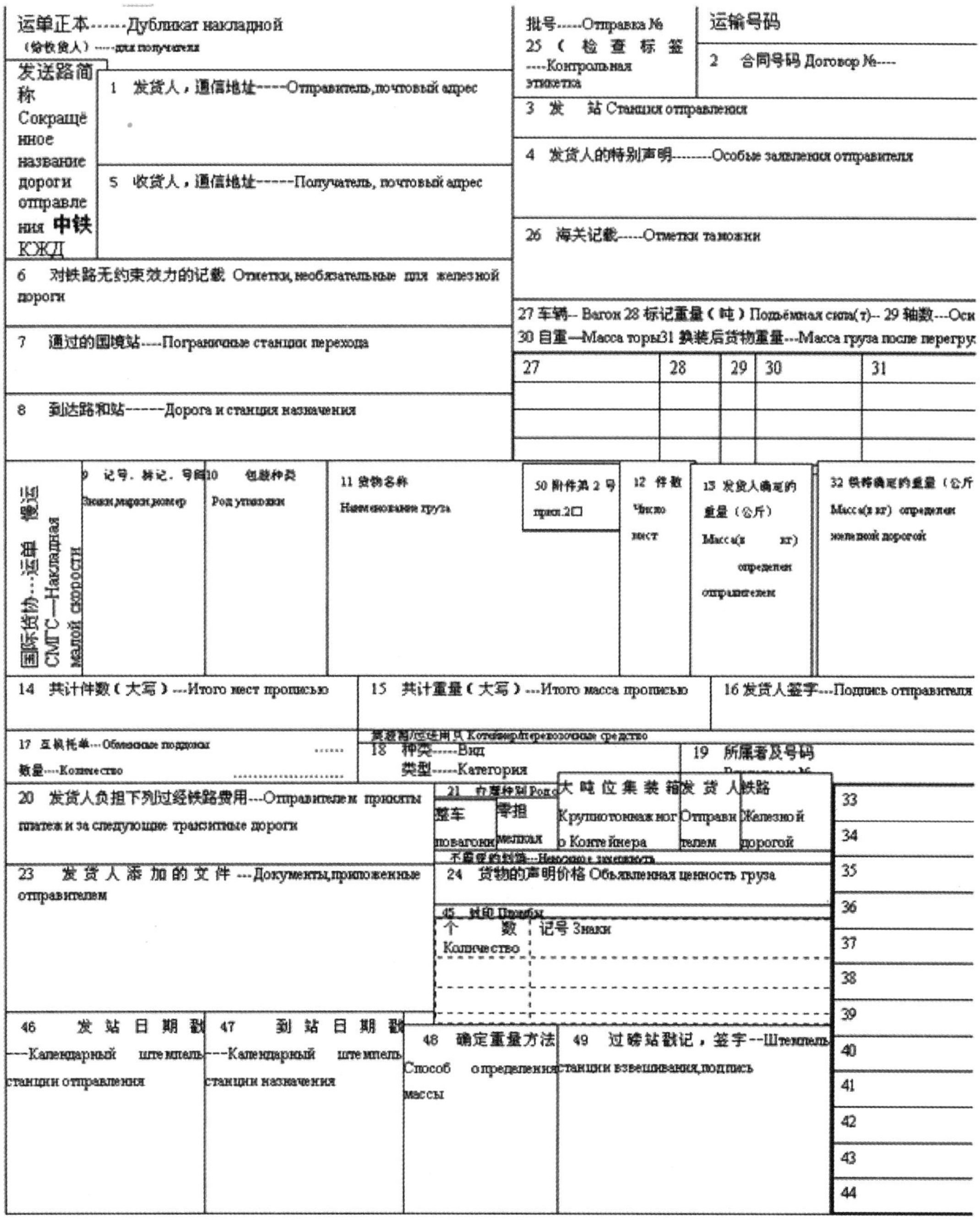

运单正本------Дубликат накладной
（给收货人）----для получателя

发送路简称 Сокращённое название дороги отправления 中铁 КЖД

1 发货人，通信地址----Отправитель, почтовый адрес

5 收货人，通信地址-----Получатель, почтовый адрес

6 对铁路无约束效力的记载 Отметки, необязательные для железной дороги

7 通过的国境站----Пограничные станции перехода

8 到达路和站------Дорога и станция назначения

批号-----Отправка №

25（检查标签----Контрольная этикетка

运输号码

2 合同号码 Договор №----

3 发站 Станция отправления

4 发货人的特别声明--------Особые заявления отправителя

26 海关记载-----Отметки таможни

27 车辆-- Вагон 28 标记重量（吨）Подъёмная сила(т)-- 29 轴数---Оси

30 自重—Масса тары 31 换装后货物重量---Масса груза после перегруз

27	28	29	30	31

国际货协---运单 慢运 СМГС—Накладная малой скорости

9 记号、标记、号码 Знаки, марки, номер	10 包装种类 Род упаковки	11 货物名称 Наименование груза	50 附件第2号 прил.2□	12 件数 Число мест	13 发货人确定的重量（公斤）Масса(в кг) определен отправителем	32 铁路确定的重量（公斤）Масса(в кг) определен железной дорогой

14 共计件数（大写）---Итого мест прописью

15 共计重量（大写）---Итого масса прописью

16 发货人签字---Подпись отправителя

17 互换托盘---Обменные поддоны ……
数量----Количество ……

集装箱/运送用具 Контейнер/перевозочные средство

18 种类-----Вид
类型-----Категория

19 所属者及号码

20 发货人负担下列过经铁路费用---Отправителем приняты платеж и за следующие транзитные дороги

21 办理种别 Род отправки: 整车 повагонная; 零担 мелкая; 大吨位集装箱 Крупнотоннажного Контейнера

发货人 Отправителем; 铁路 Железной дорогой

不需要的划消---Ненужное зачеркнуть

23 发货人添加的文件 ---Документы, приложенные отправителем

24 货物的声明价格 Объявленная ценность груза

45 封印 Пломбы

个数 Количество	记号 Знаки

46 发站日期戳---Календарный штемпель станции отправления

47 到站日期戳---Календарный штемпель станции назначения

48 确定重量方法 Способ определения массы

49 过磅站戳记，签字--Штемпель станции взвешивания, подпись

33
34
35
36
37
38
39
40
41
42
43
44

图 5-4 铁路国际货协运单

铁路国际货协运单

1. 国际货协运单的作用

（1）发、收货人（货主）与铁路间缔结的运送合同具有法律效力，发货人制好运单并盖章，且发运站盖上带有日期的发运章后，运输合同即签订完毕。

（2）国际铁路货物联运连带责任的确认。在发运国铁路、通过国铁路和到送国铁路（均为国际货协通用路）接收运单后，都应对运输承担连带责任。

（3）可作为银行议付货款、核销信用证的法律文件。

（4）发货人支付铁路运费的证明文件。

（5）办理货物进出口手续的法律文件。

2. 国际货协运单的组成

国际货协运单由下列 6 张组成。

（1）第 1 张为运单正本（给收货人），随同货物至到站，并连同第 5 张和货物一起交给收货人。

（2）第 2 张为运行报单（给向收货人交付货物的承运人），随同货物至到站，并留存到达路。

（3）第 3 张为货物交付单（给向收货人交付货物的承运人），随同货物至到站，并留存到达路。

（4）第 4 张为运单副本（给发货人），在发站加盖发运戳记后，相当于已签订运输合同。货物发运后将其交给发货人以作为外汇核销、信用证议付的发货凭证。

（5）第 5 张为货物接收单（给缔约承运人），其作为核收运费的依据。

（6）第 6 张为货物到达通知单（给收货人），将其连同第 1 张和货物一起交给收货人，作为收货人进口报关文件。

另外，每一过境铁路需加制一份不带编码的补充运行报单，由过境铁路留存。发货车站带号码的补充运行报单必须由发站填写，现在已使用电子单据，可自动留存。[①]

5.12 相关法律法规

（1）国际铁路货运的报检和报关可以参考水路运输相关内容。

（2）国际贸易术语解释通则。

《国际贸易术语解释通则 2000》：FCA、CPT、CIP、DAF、DDU 和 DDP。

《国际贸易术语解释通则 2010》：FCA、CPT、CIP、DAT 和 DAP。

（3）《中华人民共和国铁路法》。

（4）《铁路安全管理条例》。

① 部分内容参考中国国际货运代理协会，《国际陆路货运代理与多式联运理论与实务》，中国商务出版社 2015 年版。

（5）《国际铁路行业标准》（International Railway Industry Standard，IRIS）。

（6）其他。

5.13 小结

我国的铁路货物运输主要承担长距离、大数量的货运，在干线运输中起主力运输作用，其对国民经济建设起着无法替代的作用。

本单元首先讨论了铁路的各种运输方式，包括零担运输、整车运输、集装箱运输、驮背运输等。同时，还介绍了铁路货物运输的货物类型和操作注意事项，铁路货物运输操作流程，各种铁路货物运输费用、重质货和轻浮货的计算原则以及铁路货运的托运方式。然后，讨论了作为发货人对铁路货物运输代理公司的选择。最后，将《国际贸易术语解释通则 2000/2010》中有关的铁路货物运输条款进行了归类。

5.14 思考题

1. 简述铁路货物运输概念。
2. 简述铁路运输的优劣势。
3. 铁路货物有哪几种运输方式？
4. 铁路运输货物如何分类？
5. 铁路货物如何托运？
6. 简述铁路集装箱货物托运流程。
7. 铁路运输货物如何计费？
8. 如何缮制国内、国际铁路货运单证？
9. 国际贸易术语解释通则内有哪些条款与铁路运输相关？

单元1
概　述

单元2
公路货物运输

单元3
水路货物运输

单元4
航空货物运输

单元5
铁路货物运输

单元6
多式联运

单元6　多式联运

学习目标

通过学习本单元，你应该能够：

1. 了解多式联运的概念
2. 了解多式联运的优劣势
3. 理解多式联运的发展历程
4. 理解多式联运经营人
5. 掌握多式联运的类型
6. 掌握多式联运的费用
7. 掌握国际多式联运单证的缮制
8. 理解多式联运分割责任制和统一责任制
9. 掌握多式联运网状责任制
10. 了解相关公约

6.1 多式联运概念

多式联运产生于20世纪60年代，并在20世纪80年代后随着集装箱软硬件技术的成熟开始快速发展。但是，由于体制、环境和视角的不同，各个国家对于多式联运内涵的界定也不尽相同。

目前，比较有代表性的多式联运定义有三种。一是将涉及两种或两种以上运输方式的复合运输统称为多式联运。该定义是目前最普遍采用的定义，其主要代表为美国的《冰茶法案》（即《陆路复合运输效率法案》）。二是指货物使用一种相同的标准化装载单元或道路车辆且相继使用两种或两种以上的运输方式，并且在更换运输方式的过程中没有改变货物处理方式的一种货物流动，其主要代表为欧盟的《组合运输术语》。三是指使用两种或两种以上的运输方式，由多式联运经营人组织完成的全程连续运输。该定义强调多式联运经营人的全程责任，被广泛应用于国际贸易运输，其主要代表为《联合国国际货物多式联合运输公约》。集装箱的出现又将国际多式联运向前推进了一大步。

根据中国国家标准《物流术语》（GB/T 18354—2006），我国多式联运被定义为“联运经营者受托运人、收货人或旅客的委托，为委托人实现两种或两种以上运输方式的全程运输，以及提供相关运输物流辅助服务的活动”。根据交通运输部发布的交通运输行业标准《货物多式联运术语》，多式联运被定义为“货物由一种且不变的运载单元装载，相继以两种及两种以上运输方式运输，并且在转换运输方式的过程中不对货物本身进行操作的运输形式。”在实际运作中，行业普遍将涉及两种或者两种以上运输方式协同完成的运输活动统称为多式联运。

按照以上多式联运定义，多式联运的内涵可分为三个基本要素。

（1）采用两种或者两种以上的运输方式。

（2）使用标准的单一运载工具，在运输过程中仅对标准化的运载工具进行处理，不对货物本身进行再次处理。

（3）由一个多式联运承运人一票到底、全程负责。其中，同时满足要素（1）、要素（2）和要素（3）的称为狭义多式联运，同时满足要素（1）和要素（2）的称为广义多式联运，同时满足要素（1）和要素（3）的多适用于国际多式联运。本模块的多式联运主要指广义多式联运，着重强调各种运输模式之间的无缝衔接。

当前我国物流业处于高速发展的状态，但与发达国家相比，我国物流费用所占的比例偏高、物流成本居高不下成为现阶段我国物流业发展的重大难题。而多式联运作为传统运输模式的分支，通过组合多种运输模式，在保证原有运输模式相对优势的同时，其能够在很大程度上弥补单一运输模式所带来的缺陷。

6.1.1 多式联运的发展

国际多式联运的发展基本经历了三个阶段。

（1）第一阶段：运输链条延伸，陆桥运输兴起。

20 世纪 60 年代以来，随着集装箱在海上运输的不断普及，原有的运输方式开始走向标准化。一些铁路公司为了提高自身的业绩，逐步开始拓展原有的以驮背运输①为主的背负式运输业务范围，通过与卡车运输公司展开合作，延伸了集装箱的内陆运输链条，逐步开展铁路箱驮运输业务。1956 年 8 月，美国的密苏里太平洋铁路公司开始在堪萨斯城和圣路易斯之间开展铁路集装箱运输业务，并配备了更多的标准铁路平板车，至此铁路集装箱业务开始逐步发展。

20 世纪 60 年代后期，随着铁路集装箱业务的逐步发展，海运集装箱开始更多地出现在铁路上。太平洋与大西洋之间的贸易需求开始逐步增加，为了增加企业的市场利润，南太平洋铁路公司与海运公司联合开发了一种新的集装箱运输服务。至此，大陆桥运输作为经由巴拿马运河的全水路运输的一种替代方式逐步发展起来，并由此衍生出“小陆桥”和“微陆桥”两种陆桥运输体系，共同奠定了集装箱海铁联运的基础。1966 年，在内陆集装箱铁路班列货运网络形成的基础上，英国和比利时之间也开展了海铁多式联运服务，至此海铁多式联运开始在美洲和欧洲逐步发展起来。

① 见铁路运输 4.4.4 一节定义。

（2）第二阶段：世界贸易方式转变，运输业管制放松推动多式联运发展。

20 世纪 70 年代，随着亚太地区一些国家外向型经济的发展，欧洲在美国进口贸易中的地位逐步下降，美国西部沿海、中西部以及东部地区的大型城市对远东地区的商品贸易需求快速增长，再加之在这一时期集装箱的制作开始趋于标准化，企业的转运难度降低，大陆桥货物运输和海铁联运作为一种高效的运输方式开始在美洲与远东地区逐步得到更多的应用。

美国政府对运输业管制的放松为多式联运营造了良好发展氛围。在这一时期，美国政府为了尽可能减少联邦政府对于私人运输业的干预，消除影响多种运输方式之间的协作的不合理的体制障碍，颁布了一系列的政策，进一步放松了对于运输行业的管制，从而促进了美国运输业的高速发展，为多式联运营造了良好的发展氛围。

（3）第三阶段：经济全球化加剧促进运输网络进一步完善。

运输网络进一步完善，多式联运最大制约——衔接难题得到缓解。20 世纪 90 年代以来，随着经济国际化和全球化进一步发展，发达国家工业制造业的国际化分工和生产力布局逐渐调整，原料来源地和商品销售地范围不断拓展，世界贸易格局进一步变化，亚欧之间、亚美之间的货运需求进一步快速增长，运输链条进一步延伸，国际集装箱运输持续快速发展并进一步推动亚洲国家和地区的多式联运进程。

同时，伴随着欧盟成员国就消除贸易壁垒及构建共同市场达成共识和北美自由贸易协定的生效，区域经济一体化的趋势逐渐增强，欧盟地区和北美自由贸易区的货运量不断提升。为了能够更好地满足全球货物运输的高速增长，物流企业开始逐步构建起完善的物流网络，多式联运中的衔接难题得到缓解，从而保证了多式联运的效率，至此多式联运成为一种重要的运输模式。①

当前，我国对于固态货物的运输主要包括公路运输、铁路运输、航运以及水（海）运四种方式，其中公路运输是现阶段我国陆地货物运输的主要方式，航运主要用于国际货物的运输，铁路运输主要用于国内大宗货物的长距离运输，航运则主要用于对时效要求较高的货物的运输。

在物流领域中涉及货物运输的交付方式时，凡是“门到门”“仓到仓”或者“桌到桌”等的交付方式基本都含有多式联运要素。本模块并没有针对这些交付方式进行深入讨

---

① 参考 2017 年 4 月 25 日，交通运输部、国家发展改革委印发《关于组织开展第二批多式联运示范工程申报工作的通知》。

论，但是可以在其他模块里面找到相关内容。

6.1.2 基本术语

Inter-modal Transport，Multimodal Transport，Combined Transport 在汉语翻译中都可译为多式联运，由于 Multimodal Transport 比较准确地描述了多式联运的特点，因而被广泛使用。

6.2 多式联运的特点

多式联运的主要特点是由多式联运经营人针对托运人签订一个运输合同，并统一组织全程运输，实行运输全程一次托运、一单到底、一次收费、统一理赔和全程负责。它是一种以方便托运人和货主为目的的先进的货物运输组织形式。

国际多式联运具有以下条件：

（1）必须有一份多式联运合同；

（2）必须是至少两种不同运输模式的连续运输；

（3）必须使用一份全程多式联运单证；

（4）必须是国际间的货物运输；

（5）必须由一个多式联运经营人对货物运输全程负责。

1. 多式联运的优势

国际多式联运优越性主要表现在以下几个方面。

（1）简化托运、结算及理赔手续，节省费用。托运人只需办理一次托运，订立一份运输合同，一次保险，一次支付费用，省去托运人办理手续的诸多流程。

（2）缩短货物运输时间，减少货损货差，提高货运质量。保证了货物安全、迅速、准确、及时地运抵目的地，降低了货物的库存量和库存成本。

（3）提高运输管理水平，实现运输合理化。货物交由第一承运人以后，托运人即可取得货运单证，并据以结汇，因此缩短了结汇时间，这不仅有利于加速流动资金的周转，还可以减少利息的支出。但是，对收货人来说，仅仅是方便而已。此外，由于货物置于集装箱中，因此可相应地节省货物的包装、理货和保险等费用的支出。

(4) 对全货物运输过程的控制有利于供应链管理。不同的运输经营人共同参与多式联运，使经营的范围得以扩展，同时现有设备可以最大限度地发挥其作用，组织合理化运输。

(5) 在运输过程中可以获得较大的运费收入。国外不同运输阶段的运费可以在国内结算，有利于增加本国收入比例。

(6) 有助于引进新的先进运输技术，从而有利于环保。

2. 多式联运的劣势

我国的多式联运面临的局限性如下。

(1) 全球的运输网络有待完善。

(2) 基础设备设施尚需改进和完善。

(3) 信息技术水平需要提高。

(4) 各种运输模式自成体系，区域间协调力度不够，缺乏统一规划。

(5) 集装箱货运站区域分布不合理。集装箱货运站主要分布在东部沿海地区，呈现运力过剩的现象；内陆缺少集装箱站和配套设备，不能与集装箱运输系统协调运作。

(6) 多数物流中心功能比较传统，尚不能提供国际联运服务。

6.3 多式联运经营人

6.3.1 多式联运经营人的服务

多式联运经营人同属货运代理人范畴，其不仅是订立多式联运合同的当事人，也是多式联运单证的签发人。在多式联运经营人履行多式联运合同所规定的运输责任时，可将全部或部分运输委托分承运人完成，并订立分运合同，但分运合同的承运人与托运人之间不存在任何合同关系。

6.3.2 多式联运经营人的资格

国际多式联运经营人通常以独立经营、联营、委托运输等方式开展业务活动，几乎所有的国际多式联运企业都是这三种经营方式的组合运用，其中以第一种与第三种方式的结合最为常见。

为了保证国际多式联运业务的稳定性，国际多式联运经营人应具备以下资格。

（1）取得从事国际多式联运的资格。

（2）拥有国际多式联运线路以及相应的经营网络。

（3）与有关的实际承运人、场站经营人建立长期合作关系。

（4）拥有必要的运输设备，尤其是场站设施和运输工具。

（5）拥有雄厚的资金和良好的商誉。

（6）拥有符合规定要求的国际多式联运单据。

（7）具备经营国际多式联运线路的运价表。

6.4 多式联运的运输形式

多式联运必须是由两种或者两种以上不同的运输模式组成的连贯运输组织方式，如图6-1所示。

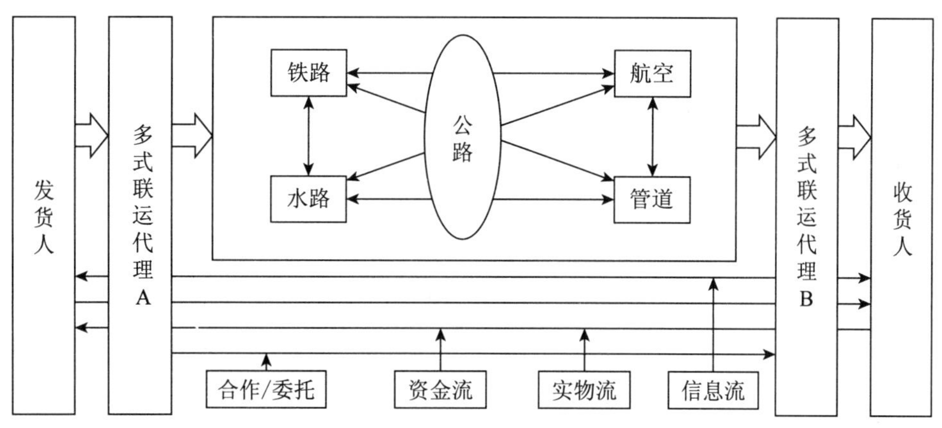

图6-1 多式联运运输形式

各种运输模式的基本优势如下：

（1）水路运输运量大、成本低；

（2）公路运输则机动灵活，便于实现货物“门到门”运输需求；

（3）铁路运输不受气候影响，可深入内陆并横贯内陆，实现长距离运输；

（4）航空运输可以实现货物的快速交付。

由于多式联运规定必须采用两种或两种以上的运输模式进行联运，因此这种运输组织形式综合利用了各种运输模式的优点，充分体现社会化大交通的特点。多式联运分类如下。

1. 铁水（海）联运

铁水（海）联运是指货物到港及出港时，水路与铁路间直接实现集装箱装卸并最终将货物运输到目的地，中途无须通过公路中转。铁水联运具有运量大、中间环节少等优点，可大大提高物流效率，其代表方式有箱驮运输、大宗物资联运。

2. 公铁联运

公铁联运是指根据公铁联运合同，采用公路及铁路两种运输模式，由全程运输经营人把货物从接管地点运至指定交付地点。公铁联运通常以集装箱为运输单元，通过一次托运、一次付费、一份单据、一次保险，由公路、铁路区段承运人共同完成货物的全程运输，其代表方式有驮背运输、箱驮运输等。

驮背运输（Piggyback Transport）是一种公铁联运方式，是指将载运货物的公路拖车置于铁路平车上输送，所以也称为平板车载运拖车（Trailer On Flat Car，TOFC），它是各种拖车或集装箱运输相结合的产物。

3. 公水联运

公水联运是指按照公水联运合同要求，采用公路、水路两种不同运输模式，通过整合信息流、资金流，由公水联运经营人作为合同承运人统一组织全程运输，按货主要求将货物从接管地点运至指定交付地点，其代表方式有滚装运输、翻坝运输等。

4. 水水联运

水水联运是指货物不经中转，由同一艘船完成水路之间运输的全程运输方式。其代表方式是江海联运，即由同一艘船完成江河与海洋运输的全程运输方式。江海联运的操作主要分为江段运输和海上运输两部分。在我国，江海联运主要应用于长江三角洲地区和珠江三角洲地区，是当地外贸进出口的主要运输方式。

5. 陆空联运

陆空联运是指火车、飞机和卡车联合运输的模式，可实现“门到门”的运输服务方式，能够更好地满足现代物流对及时性和准确性的要求。目前，陆空联运主要分三种：一是火车—飞机—汽车联运，简称 TAT（Train-Air-Truck）；二是汽车—飞机联运，简称 TA（Truck-Air）；三是火车—飞机联运，简称 TA（Train-Air）。

6. 陆桥联运

陆桥运输（Land Bridge Transport）是国际多式联运的主要形式。陆桥运输指采用集装箱专用列车或卡车，把横贯大陆的铁路或公路作为中间桥梁，使大陆两端的集装箱海运航线与专用列车或卡车连接起来，形成连贯的运输方式。陆桥运输其实是一种海陆联运形式。世界上现有的大陆桥包括西伯利亚大陆桥、新亚欧大陆桥、北美大陆桥以及其他陆桥。

（1）西伯利亚大陆桥。西伯利亚大陆桥（Siberian Landbridge，SLB）是世界上最长的一条陆桥运输线，其运输线全长 13000 千米，其运输线路为使用国际标准集装箱将货物由远东海运到俄罗斯东部港口，再经跨越欧亚大陆的西伯利亚铁路运至波罗的海沿岸等港口，然后再采用铁路、公路或海运方式将货物运到欧洲各地。

西伯利亚大陆桥运输包括“海—铁—铁”“海—铁—海”“海—铁—公”和“海—公—空”4 种运输方式，使用这条陆桥运输线的经营者主要是日本、中国和欧洲各国的货运代理公司。

我国兰新铁路与中哈边境的土西铁路的接轨形成一条新的“欧亚大陆桥”，从而开辟了欧亚班列，为远东至欧洲的国际集装箱多式联运提供了又一条便捷路线。因此，这些大陆桥对托运人有很大的吸引力。

（2）新亚欧大陆桥。新亚欧大陆桥由太平洋西岸中国连云港开始，通过陇海、兰新铁路向西延伸于中国西部边境阿拉山口并与哈萨克斯坦共和国的德鲁日巴站接轨，西达大西洋东岸荷兰鹿特丹、比利时的安特卫普等港口，横贯亚欧两大洲中部地带，总长约 10900 千米，从而构成了一条沿当年亚欧商贸往来的“丝绸之路”，成为经亚洲、欧洲诸国到大西洋的另一条陆上通道，这就是新亚欧大陆桥，它是一条对亚欧大陆经贸活动发挥巨大作用的现代“丝绸之路”。

新亚欧大陆桥连接着东亚、中亚、西亚、中东、东欧、中欧、南欧、西欧等地区的 40 余国，占世界国家数的 22%；面积为 3970 万平方千米，占世界陆域面积的 26.6%；居住人口为 22 亿人，占世界人口的 36%。

（3）北美大陆桥。北美大陆桥（North American Landbridge）是利用北美的铁路从远东到欧洲的“海—陆—海”联运，包括美国大陆桥运输和加拿大大陆桥运输。美国大陆桥有两条运输线路：从西部太平洋沿岸至东部大西洋沿岸的铁路和公路运输线和从西部太平洋沿岸至东南部墨西哥湾沿岸的铁路和公路运输线。

北美大陆桥是世界上历史最悠久、影响最大、服务范围最广的陆桥运输线。从远东到北美东海岸的货物有大约50%以上采用双层列车进行运输，这种陆桥运输方式比采用全水方式通常要快1~2周。

在北美大陆桥强大的竞争面前，众多承运人开始建造不受巴拿马运河吃水限制的超巴拿马型船（Post-Panamax Ship），从而放弃使用巴拿马运河。

（4）其他陆桥。除了北美大陆桥运输形式外，还有小陆桥运输（Mini-bridge）和微桥运输（Micro-bridge）等。

小陆桥运输从运输组织方式上看与大陆桥运输并无大的区别，只是其运送的货物的目的地为沿海港口。北美小陆桥在缩短运输距离、节省运输时间上效果显著。以日本/美东航线为例，从大阪至纽约全程水运（经巴拿马运河）航线距离9700海里，运输时间为21~24天。而采用小陆桥运输，运输距离仅7400海里，运输时间为16天，可节省1周左右的时间。

微桥运输与小陆桥运输基本相似，只是其交货地点在内陆地区。

7. 海空联运

海空联运又称为空桥运输（Air Bridge Service），实际使用并不多见。空桥运输与陆桥运输有所不同，陆桥运输在整个货运过程中使用同一个集装箱，不用换装。空桥运输的货物通常要在航空港换入航空集装箱。不过两者的目标是一致的，即以低费率提供快捷、可靠的运输服务。

目前，国际海空联运线主要有远东至中南美、远东至欧洲以及远东至中近东、非洲、澳洲。

除此以外，多式联运还存在两种类型。

（1）按联运起点和终点位置分类，可分为国内多式联运和国际多式联运。

（2）按组织类型分类，可分为协作式多式联运和衔接式多式联运。协作式多式联运是指两种或两种以上运输模式的运输企业，按照统一的规章或商定的协议，共同将货物从接管货物地点运到指定交付货物地点的运输；衔接式多式联运是指由一个多式联运企业（或多式联运经营人）综合组织两种或两种以上运输模式的运输企业，将货物从接管货物地点运到指定交付货物地点的运输。

总而言之，运输距离越远，采用海空联运的优越性就越大，海空联运比全水运输时间短，与直接采用航空运输相比其费率低。因此，从远东到欧洲、中南美以及非洲的运输成为国际海空联运的主要市场。空桥运输换装时需将过境货物改为非过境货物，以便装机，尽管该货物并不在转运地进行消费，但也必须考虑海关的介入。

6.5 国际多式联运环节

国际多式联运的运作流程通常包括以下环节：

（1）确定国际多式联运路线和运输方式；

（2）多式联运经营人与分包方签订分包合同；

（3）出运地作业；

（4）转运地作业；

（5）货物运输途中的跟踪监管、信息反馈、计算费用、集装箱跟踪、租箱还箱以及货运事故索赔与理赔等。

6.6 国际多式联运费用

国际多式联运费用由以下各项构成。

（1）运输总成本：集疏运费、港口费、海运运费、集装箱租赁费和保险费等。

（2）经营管理费：多式联运经营人与发货人、各派出机构、代理人、实际承运人之间的单证传递费、通信费、单证成本和制单手续费等。

（3）经营利润：多式联运经营人预期从该线路的联运中获得的毛利润。

6.7 国际多式联运单据

《联合国国际货物多式联运公约》对多式联运单据的定义："国际多式联运单据（Multimodal Transport Document，MTD）是指证明多式联运合同以及证明多式联运经营人接管货物并负责按照合同条款交付货物的单据。"①单据包括以下几种。

（1）集装箱提单：为集装箱运输签发的直达提单、转船提单或者联运提单。

单元6
多式联运概念

6.1 多式联运概念
6.2 多式联运的特点
6.3 多式联运经营人
6.4 多式联运的运输形式
6.5 国际多式联运环节
6.6 国际多式联运费用
6.7 国际多式联运单据
6.8 多式联运经营人责任
6.9 相关法律法规
6.10 思考题

联合国国际货物多式联运公约

① 国际多式联运单据中的提单格式和功能与海运提单功能基本相同。

（2）多式联运提单：格式不尽相同，常见的有国际货运代理协会联合会（FIATA）联运提单和波罗的海航运公会的多式联运提单等。这种提单主要用于集装箱多式联运，即由干线集装箱船、支线集装箱船、航空、铁路、公路等不同运输工具协同完成运输时所签发的提单。

国际多式联运提单样本

多式联运提单主要由承担海运区段运输任务的承运人签发。如果贸易双方同意，并在信用证中明确规定，也可由其他运输区段的承运人签发，甚至可由只经营集装箱货运中的揽货、装箱、拆箱、内陆运输及内陆站或中转站业务而不经营船舶营运的所谓联运经营人（Combined Transport Operator）或无船承运人（NVOCC）签发。

6.8 多式联运经营人责任

目前，在国际多式联运业务中，多式联运经营人的责任形式大致有三种，即分割责任制、统一责任制和网状责任制。

6.8.1 分割责任制

分割责任制（Dispersion of Liability）是指多式联运经营人和各区段的实际承运人仅对自己区段的货物运输负责，各区段的责任原则按该区段适用的法律予以确定，多式联运经营人并不承担全程运输责任，该责任制目前很少被采用。

6.8.2 统一责任制

统一责任制（Uniform Liability System）是指多式联运经营人对货物灭失损害负责赔偿的一种制度。按照该种形式的责任制，由签发多式联运单证的人对货物受损人按统一的责任限制进行赔偿。待查清货物灭失损害实际发生的运输区段后，多式联运经营人可在赔偿后向该运输区段的实际承运人追偿。

多式联运经营人对货主赔偿时不考虑各区段运输模式的种类及其所适用法律，而是对全程运输按统一的原则并且按约定的责任进行赔偿。《联合国国际货物多式联运公约》（以下简称《公约》）对采用统一责任制的主要规定如下。

1. 货物赔偿责任原则

《公约》以推定过失原则来确定联运人的赔偿责任。联运经营人应对他的雇员、代理人和其他人员的过失负责；并进一步明确规定，联运人的过失原则是完全的过失责任制。

2. 货物赔偿的责任限制

《公约》对货物赔偿的责任限制做了统一的规定：海运时，每件货物折合为 920 特别提款权或每千克毛重折合为 2.75 特别提款权，以高者为标准；不包括海运时，按每千克毛重折合为 8.33 特别提款权计算，而单位限额不能试用。如能确定货物损害发生的运输区段，而该区段所适用的国际公约或国内法又规定了较高的赔偿限额时，则应按照后者的有关规定办理。

3. 责任期间

《公约》关于责任期间的规定，原则上和《汉堡规则》[①] 相同。所不同的是，联运经营人对不是他履行的部分运输也应负责任。

6.8.3 网状责任制

汉堡规则

网状责任制（The Network System of Liability）是指由签发多式联运提单的人对全程负责，但在损害赔偿的责任方面与统一责任制不同，它是按造成该货损的实际运输区段的责任限制予以赔偿，在各运输区段中作为依据的法律如下。

（1）公路运输根据国际公路货运公约或内国法。[②]

（2）铁路运输根据国际铁路货运公约或内国法。

（3）海上运输根据《海牙规则》或内国法。

（4）航空运输根据《华沙公约》或内国法。

目前，大多数国家的多式联运经营人均采用网状责任制。按照国际惯例，只有当多式联运合同中明确规定采用这个规则时，该规则才对当事人有约束力。该规则的主要赔偿责任基础采用推定过失责任制，多式联运经营人的赔偿责任限制实行网状责任制。

6.8.4 有关国际公约/惯例的规定

有关国际公约/惯例的规定如表 6-1 所示。

① 《汉堡规则》是《联合国海上货物运输公约》(《United Nations Convention on the Carriage of Goods by Sea》) 的简称。于 1978 年 3 月 6 日至 31 日在德国汉堡举行由联合国主持的由 78 国代表参加的海上货物运输大会讨论通过，于 1992 年 11 月 1 日生效。截至 1996 年 10 月，共有成员国 25 个，其中绝大多数为发展中国家，占全球外贸船舶吨位数 90%的国家都未承认该规则。我国不是《汉堡规则》的签字国，但在我国《海商》法中适当吸收了《汉堡规则》的某些规定。

② 内国法是相对于外国法而言的，通常就是指颁布法律的那个国家自己的法律。内国法是以第三方的视角看待法律的国家归属性，而本国法则是将本身置于法律约束的范围之中。

表 6-1　　国际公约/惯例的规定

<table>
<tr><th rowspan="2">公约或法律名称</th><th rowspan="2">责任基础</th><th rowspan="2">责任形式</th><th rowspan="2">责任期间</th><th colspan="2">货损货差责任限额</th><th colspan="2">延迟交付损失</th><th colspan="2">货损货差通知时限</th><th rowspan="2">诉讼时效</th></tr>
<tr><th>SDR/件</th><th>SDR/千克</th><th>责任限额</th><th>推定灭失</th><th>显而易见</th><th>非显而易见</th></tr>
<tr><td>《海牙规则》</td><td colspan="2">不完全过失责任</td><td rowspan="2">船/船</td><td>100</td><td>—</td><td colspan="2" rowspan="2">未规定</td><td rowspan="2">交付之前或当时</td><td rowspan="2">3 个连续日</td><td>1 年</td></tr>
<tr><td>《维斯比规则》</td><td colspan="2">不完全过失责任</td><td>666. 67</td><td>2</td><td>1 年，3 个月追偿期</td></tr>
<tr><td>《汉堡规则》</td><td colspan="2">完全过失责任</td><td>港/港</td><td>835</td><td>2. 5</td><td>延迟将付 2. 5 倍运费，不得超过总运费</td><td>60 天</td><td>1 个工作日</td><td>15 个连续日</td><td>2 年，3 个月追偿期，延迟交付：60 天</td></tr>
<tr><td>《国际铁路货物运输公约》</td><td colspan="2" rowspan="2">严格责任</td><td rowspan="2">站/站</td><td>—</td><td>16. 66</td><td>2 倍总运费</td><td>30 天</td><td>未做规定</td><td>—</td><td>1 年，故意或严重过失为 2 年</td></tr>
<tr><td>《国际公路货运公约》</td><td>—</td><td>8. 33</td><td>不超过总运费</td><td>约定期限：30 天。未约定期限：60 天</td><td>交付之前或当时</td><td>7 天</td><td>1 年，故意或严重过失为 3 年，延迟交付：21 天</td></tr>
<tr><td>《华沙公约》《海牙议定书》《蒙特利尔公约》</td><td colspan="2">《华沙公约》：不完全过失责任；《海牙议定书》：完全过失责任；《蒙特利尔公约》：严格责任</td><td>场/场</td><td>—</td><td>17</td><td>未做规定</td><td>7 天</td><td colspan="2">《海牙议定书》规定通知时限为：损坏行李为 7 天，损坏货物为 14 天，延误时为 21 天</td><td>2 年</td></tr>
</table>

续 表

公约或法律名称		责任基础	责任形式	责任期间	货损货差责任限额		延迟交付损失		货损货差通知时限		诉讼时效
					SDR/件	SDR/千克	责任限额	推定灭失	显而易见	非显而易见	
《联合国国际货物多式联运公约》	含水运	完全过失责任	修正统一责任制	接货/交货	920	2.75	延迟将付2.5倍运费，不得超过总运费	90天	1个工作日	6个连续日	2年，3个月追偿期，延迟交付：60天
					—	8.33					
	不含水运				如区段适用法律规定限额高，则适用该法						
《联合运输单证统一规则》		确定区段：等同区段适用运输公约/法规。非确定区段：完全过失责任	网状责任制	接货/交货	确定区段：等同区段适用运输公约/法规，非确定区段：2SDR/千克		确定区段：等同区段适用运输公约/法规，且不得超过总运费。非确定区段：不赔		交付之前或当时	7个连续日	9个月
《多式联运单证规则》		含水运	完全过失责任，但水运段仍实行不完全过失责任	接货/交货	666.67	2	不超过总运费	90天	交付之前或当时	6个连续日	9个月
					—	8.33					
		不含水运			如区段适用法律规定限额高，则适用该法						

6.8.5 我国《海商法》特别规定

按照我国的《海商法》，如果联运经营人的赔偿责任和责任限额能确定货物灭失或损坏发生的运输区段，则适用该区段的有关法律规定，即实行网状责任制。如果不能确定货物灭失或损坏的运输区段时，则适用《海牙-维斯比规则》第105条“货物的灭失或者损坏发生于多式联运某一区段的，多式联运经营人的赔偿责任和责任限额，适用调整该区段运输模式的有关法律规定”，以及第106条“货物的灭失或者损坏发生的运输区段不能确定的，多式联运经营人应当依照本章关于承运人赔偿责任和责任限额的规定负赔偿责任”。

6.8.6 多式联运的风险和防范

国际多式联运形态的产生和发展极大地改变了原有的建立在单一式运输国际法基础上的运输关系及关系网络中的风险和责任分担。托运人和多式联运中特定运输阶段的实际承运人之间的第 3 人，即多式联运经营人的出现使得多式联运的法律关系复杂化和多元化，从而导致风险责任分担的不确定性。这种不确定性给当事人（如多式联运业务经营人和收/发货人）带来很大风险。

联合运输单证统一规则

1. 多式联运经营人

国际货物多式联运经营人的责任是解决经营人对在其保管之下的货物的所有损失和损害承担严格责任，还是对由于其缺乏谨慎所产生的可预防性损失或损害承担过错责任的问题。

过错责任标准是将与经营人自身行为有关的风险分配给各个当事人，将来自其他方面的损失转移给货主，这意味着多式联运经营人只对自己或其雇员和代理人所实施的过错行为（故意和过失）承担责任；严格责任标准是迫使多式联运经营人承担所有风险而给货物利益方提供最大保护。

2. 多式联运经营人责任范围

在多式联运过程中，由于货物装于密封集装箱内并在许多服务提供者之间流转，从而使得证明其隐蔽性损害的风险极大。在多式联运中，多式联运经营人应对货物的损失或损害予以赔偿，但是否对其他的经济损失也应当予以赔偿？比如如果发生了货物交付。

6.9 相关法律法规

关于国际多式联运公约和规则简述如下。

（1）国际商会（ICC）于 1973 年制定《联合运输单证统一规则》，其属于民间规则，不具备强制性，当事人在多式联运合同中可自愿采纳。

（2）《联合国国际货物多式联运公约》于 1980 年 5 月获得通过，迄今未生效。

（3）《多式联运单证规则》由联合国贸易和发展会议会同国际商会于 1991 年制定，属于民间规则，其不具有强制性，当事人在多式联运合同中可自愿采纳。

(4)《中华人民共和国海商法》。

(5)《1991 年联合国贸易和发展会议/国际商会多式联运规则》(以下简称《多式联运规则》)。

(6)海牙规则。

(7)《联合国国际货物多式联运公约》(简称《日内瓦公约》)目前尚未生效，但它是我国制定相关法规的基础。

(8)其他。

多式联运
单证规则

6.10 思考题

1. 简述国际多式联运的概念。
2. 简述国际多式联运的优劣势。
3. 国际多式联运经营人需要具备哪些条件？
4. 简述国际多式联运的不同方式。
5. 国际多式联运计费原则是什么？
6. 如何缮制国际多式联运提单？
7. 什么是多式联运网状责任制？
8. 我国《海商法》对多式联运规定的要点是什么？

参考文献

［1］中国国际货运代理协会．国际货物运输代理概论［M］．北京：中国商务出版社，2014.

［2］吴清一．物流管理［M］.2 版．北京：中国物资出版社，2005.

［3］牛鱼龙．海运货代实务案例［M］．上海：同济大学出版社，2008.

［4］贾庆，闫莹娜．国际货运代理——海外实务篇［M］．北京：清华大学出版社，2015.

［5］中国国际货运代理协会．国际航空货运代理理论与实务［M］．北京：中国商务出版社，2010.

［6］姚大伟．国际货运代理理论与实务［M］．上海：上海交通大学出版社，2012.

［7］中国国际货运代理协会．国际陆路货运代理与多式联运理论与实务［M］．北京：中国商务出版社，2010.

［8］吴夔坤．国际货代集装箱海运操作实务［M］．北京：中国人民大学出版社，2016.

［9］肖建辉．国际货运代理实务［M］．北京：清华大学出版社，2012.

［10］孙敬宜．国际货运代理实务［M］．北京：电子工业出版社，2014.

［11］张敏．彻底搞懂提单［M］．北京：中国海关出版社，2016.

［12］《报关职业全国统一教材》编写组．报关职业全国统一教材［M］．北京：中国海关出版社，2015.

［13］唐超平．进出境货物报关实务［M］.2 版．北京：对外经济贸易大学出版社，2015.

［14］报关水平测试教材编写委员会．报关业务技能［M］．北京：中国海关出版社，2015.

［15］何银星．货代高手教你做货代——优秀货代笔记［M］.2 版．北京：中国海关出版社，2014.

［16］张俊勇．透视铁水联运［J］．中国远洋航务，2013（3）：42-44.